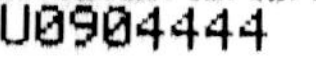

用于国家职业技能鉴定
国家职业资格培训教程

YONGYU GUOJIA ZHIYE JINENG JIANDING • GUOJIA ZHIYE ZIGE PEIXUN JIAOCHENG

豆制品制作工

（技师 高级技师）

编审委员会

主 任 刘 康
副主任 陈李翔 宋 建
委 员 张振山 王家槐 钟冠山 王 晖 郭红蕾 穆 亮 王建华 薛 滔 陈 蕾 李 克 马海雁 卢桂芳 杨俊贺 王丽英 张闫华

本书编写人员

主 编 张振山
副主编 王家槐
编 者 马海雁 卢桂芳 杨俊贺 王丽英 叶素萍
主 审 钟冠山
审 稿 王 晖 郭红蕾 穆 亮 王建华 薛 滔

中国劳动社会保障出版社

图书在版编目(CIP)数据

豆制品制作工：技师、高级技师/中国就业培训技术指导中心组织编写．—北京：中国劳动社会保障出版社，2007

国家职业资格培训教程

ISBN 978-7-5045-5867-1

Ⅰ．豆… Ⅱ．中… Ⅲ．豆制食品-食品加工-技术培训-教材 Ⅳ．TS214

中国版本图书馆 CIP 数据核字(2006)第 119721 号

中国劳动社会保障出版社出版发行

(北京市惠新东街 1 号 邮政编码：100029)

出版人：张梦欣

*

世界知识印刷厂印刷装订 新华书店经销

787 毫米×1092 毫米 16 开本 14 印张 205 千字

2007 年 6 月第 1 版 2007 年 6 月第 1 次印刷

定价：27.00 元

读者服务部电话：010-64929211

发行部电话：010-64927085

出版社网址：http://www.class.com.cn

前　言

为推动豆制品制作工职业培训和职业技能鉴定工作的开展，在豆制品制作从业人员中推行国家职业资格证书制度，中国就业培训技术指导中心在完成《国家职业标准——豆制品制作工》（以下简称《标准》）制定工作的基础上，组织参加《标准》编写和审定的专家及其他有关专家，编写了《国家职业资格培训教程——豆制品制作工》（以下简称《教程》）。

《教程》紧贴《标准》，内容上，力求体现“以职业活动为导向，以职业技能为核心”的指导思想，突出职业培训特色；结构上，针对职业活动的领域，按照模块化的方式，分初级、中级、高级、技师和高级技师5个级别进行编写。《教程》的基础知识部分内容涵盖《标准》的“基本要求”；技能部分的章对应于《标准》的“职业功能”，节对应于《标准》的“工作内容”，节中阐述的内容对应于《标准》的“技能要求”和“相关知识”。

《国家职业资格培训教程——豆制制作工（技师、高级技师）》适用于对豆制品制作工技师、高级技师的培训，是职业技能鉴定的推荐辅导用书。

本书在编写过程中得到了北京客立多科技有限公司、北京市调味品协会、北京市豆制品协会、北京市豆制食品工业公司、北京王致和食品集团有限公司、北京大兴今日阳光职业技能培训学校的大力支持，还得到了王超、白云龙、王玉民、白昆、潘志方等人的具体支持，在此表示感谢。

由于时间仓促，不足之处在所难免，欢迎读者提出宝贵意见和建议。

中国就业培训技术指导中心

目　录

CONTENTS

《国家职业资格培训教程》

第一部分　豆制品制作工技师

第二部分　豆制品制作工高级技师

第一部分

豆制品制作工技师

第一章 操作前的准备

第一节 工具、设备准备

学习单元1 工具准备

一、学习目标

通过本单元的学习，知道生产中所用的工具种类及选择要求，能做好生产的准备工作。

二、相关知识

豆制品生产要具备6个方面的基本条件，即厂房、能源、设备、工具和用具、原料、辅料。工具和用具是6个基本条件之一。随着科学技术的发展和豆制品生产企业机械化水平的提高，工具和用具相应减少，专用设备逐渐增多，工具和用具只作为专用设备的辅助。豆制品生产常用的工具种类及规格如下：

1. 豆包布（白色）

豆制品生产离不开豆包布。在生产中利用豆包布过滤豆浆，包住豆腐脑，然后进行压制；或利用豆包布泼制豆腐片等。白色豆包布是一种纯棉制品，豆包布为单层织纱，经纬十字交叉平直网纹。豆包布易于滤水，耐热，清洗方便，价格低廉，被豆制品行业长期使用。

生产之前要根据所生产的内容，确定包布的用量和裁剪尺寸，将整匹的豆包布裁剪后封边，并在开水中煮 30 min，用清水洗净后待用。

2. 舀子

在手工制作豆腐干、豆腐时，豆浆在缸或桶内点浆、蹲脑，然后用专用舀子将豆腐脑舀入模型板框内进行压制。舀子在生产中用处非常多，行业专用的舀子比较大，直径在 300～400 mm，呈半球状，多为不锈钢制品，中间安装手把。

3. 豆干板及板框

在制作豆制品坯子时，要用专用豆干板，在油压机上压制豆干。豆干板最好用松木板，厚度为 25 mm，板形为方形，规格为 450 mm×450 mm×25 mm。

使用木制豆干板的优点是：热传导慢，有利于豆腐脑保温成型，操作人员搬动时不烫手；有一定的强度，耐压不易变形，韧性好。目前也有用竹制品代替松木板，使用效果也不错。

板框是豆腐脑保温成型的模具，要根据产品规格、生产量和工序操作安排需要确定。

4. 周转箱

在豆制品生产中，生产的半成品需要周转，要用到周转箱。目前所用的周转箱材质均为硬质无毒塑料，规格多样，使用比较普遍的规格是 530 mm×360 mm×230 mm。周转箱周边带孔，便于通风。

周转箱的数量要根据生产量计算，同时还要考虑周转箱清洗所占用的数量。一般来说，车间内周转箱的数量应为实际使用量的 1.5 倍。

成品周转箱是用于小包装产品存放，运输到销售市场的周转箱，也称为外部周转箱。成品周转箱与车间内用周转箱规格不同，底部不带孔。其规格可根据各类小包装产品规格及码放数量确定，但质量不能过大，应使运输人员能较轻松地搬起。计算成品周转箱的数量时应考虑以下三个方面：一是本班生产占用量，二是商店销售压箱量，三是运输在途的数量。成品周转箱的数量一般是本班生产用量的 3～4 倍。

5. 周转小车

生产车间内工序之间半成品运输及成品入库都需要周转小车，由于电动车、燃油车不适于豆制品行业车间内使用，所以常用人力小推车。周转小车是根据车间内周转箱的规格及每车运输数量而特殊制作的，一般为单支撑点双轮、双把手小推车。小推车的数量要能满足半成品运输及成品入库所需要的数量。

6. 标尺、刀具

在制作豆制品、豆腐、手工切块时需要有规格标尺和切制刀具。标尺一般用木制或竹制，刀具一般选不锈钢手工刀具。

7. 工艺检测仪器、仪表

在豆制品生产中应准备豆浆浓度测定仪、凝固剂浓度测定仪、温度测定计。这些仪器都是生产中简易测定时需要的，供生产中随时使用、测定，以保证产品质量。一般豆浆浓度测定选用糖量折光仪，凝固剂浓度测定选用波美式比重测定仪，温度测定选用通用酒精温度计而不用水银温度计。

此外，还有些容量测定工具、用具，在此不赘述。

学习单元 2　设备完好状态检查

一、学习目标

通过本单元的学习，了解设备完好状态检查的内容、方法，能充分做好生产前的设备准备工作。

二、相关知识

为了保证生产正常进行，生产之前要对所用设备进行完好状态检查，检查大致分 4 个方面：机器设备安装、紧固及安全防护检查，供电及电器操作系统检查，空车运转检查，调整数据检查。

1. 机器设备安装、紧固及安全防护检查

设备的完好状态检查应从设备的外形、安装、紧固检查开始，主要检查以下几方面：

(1) 检查设备安装基础是否牢固，紧固螺钉是否松动，不需紧固的设备，放置是否稳固。

(2) 检查设备的外套、外罩安全防护装置是否齐全，该紧固的紧固点是否旋紧。

(3) 防水部位是否有防水措施。

(4) 设备的接地线是否连接好。

(5) 设备周边是否有妨碍操作的物品摆放，是否有足够操作的场地。

这些检查均符合要求后，可以进行下一项检查。

2. 供电及电器操作系统检查

生产系统中各工序都安装设备的供电及控制系统。配电箱、柜一般选择设备相对集中的位置安装。操作系统有单点控制、柜上操作和双点控制，即柜上和机器旁控制操作。控制箱和柜上设有电压表、电流表、控制开关或按钮。供电及电器操作系统检查主要检查以下几方面：

(1) 检查供电状况。打开供电开关，查看供电电压是否正常，动力用三项电压应为 380 V，单项用电电压应为 220 V。在实际使用中受多方面影响电压可能有波动，但波动范围不能超过±5%。

(2) 电器操作系统检查。检查开关按钮是否开、停机可靠。双点操作或多点操作要分别检查开、停机的状况。

(3) 用试电笔测试操作开关、配电箱有无漏电现象。

(4) 检查各部位的指示灯、信号灯、讯响器是否正常。

(5) 检查操作箱柜的接地线是否安装牢固。

3. 空车运转检查

生产设备完好状态检查，要进行空车试运转。设备在空车运转时，通过“听”“看”“摸”三种方法，鉴别其是否是正常状态。

(1)“听”是靠人的听觉，听设备的运转声音。一台完好的设备声音频率是平稳的，没有忽高忽低的声音，也没有超过规定的噪声。

(2)“看”是通过人的视觉，看设备运转的稳定状态和各部位紧固状态、密闭情况。

(3)“摸”是靠人的感觉，用手摸设备的振动状况。有些内部的轴承等零件出现问题，其振动增大，通过手的触摸可以明显地感觉到。

4. 调整数据检查

有些专用设备，有各种数据的控制和调整，如压力、温度、时间、距离等。在检查设备的完好状态中，要逐项核对各项调整数据。对于数据的调整，每台设备的要求不一样，要按照设备的使用说明书要求，进行调整核对，不能随意进行调整。

设备完好状态检查是生产前非常重要的一项工作。其目的是使设备安全生产，并保证其正常运行。这项工作直接关系到人身安全、产品质量和经济效益。随着行业机械化水平的不断提高，几乎每个生产环节都离不开机械设备，设备出现问题，生产就无法进行。

第二节　原料选择和准备

学习单元 1　原料选择

一、学习目标

通过本单元的学习，掌握生产原料优劣的鉴别方法，能根据生产需要选择原料。

二、相关知识

1. 原料优劣的感官鉴别方法

（1）颜色。优质大豆的颜色为浅黄色，光滑明亮，表层细腻，尤以东北大豆最为明显。安徽、河南及长江流域的大豆呈浅黄色，偏带乳白色，略有光泽，子粒中色差明显清晰。如果因大豆成熟度不够，贮藏时水分、温度失控，贮存期时间过长，品种退化等，都将失去以上颜色。

（2）形态。优质大豆的子粒饱满，大小均匀，无瘪粒，无死豆，无虫口，无霉变，破瓣率不超过 7%。东北大豆呈圆形粒，芽胚为青白色或乳白色。南方大豆为长圆粒，芽胚为黑色或黑褐色。

（3）外皮。在通常情况下，大豆的外皮越薄越好，与子粒分开时，外皮越碎，蛋白质的含量越高。

（4）水分。大豆入库的安全水分必须在 13%以下，正常条件下要控制在 10%～13%。感官检测水分时，大豆在受挤压时只分瓣或破碎，有声响而不瘪、不塌，其水分含量应该在 13%以下。大豆的水分含量超过标准不宜入库贮存。

（5）杂质。杂质可以分为三类，即泥土、石子、豆秸类，玉米、小麦、杂豆类，金属、玻璃等杂质类。优质大豆的含杂率不超过 1%。

（6）气味。大豆没有明显的气味，仔细辨别则应略有大豆特有的豆腥味。大豆不应有其他气味，如发霉味等。

（7）手感。用手攥时，大豆的滑动应流畅，有声响，无涩感，不黏手，不打手（指水分大）。

2. 根据产品要求选择确定原料

大豆的主要成分是蛋白质和脂肪。东北大豆由于其生长在特定的地理位置，昼夜温差大，土地肥沃，土壤结构和营养成分更适于大豆生长的特性，造就了它的综合指标高，在世界上是优质大豆。东北大豆的脂肪含量在16%以上，蛋白质含量在35%以上。用东北大豆生产出来的产品，颜色乳白略带浅黄色。近些年培育的东北大豆新品种不断上市，高含油量品种和高蛋白质品种将逐步代替原品种，所含指标将会进一步提高。

南方大豆的蛋白质含量普遍要高于东北大豆含量的1%～3%，但脂肪含量则明显低于东北大豆，生产出来的产品为乳白色。这是由于地域差别，土壤成分和昼夜温差、光照时间等地理气候环境差异产生的。

由于豆制品的相关特性，诸如产品的内在品质、产品质量、投入产出率、凝固剂的选择、豆腐外观颜色和营养成分等，对原料的选择是很重要的。主要标准如下：

（1）大豆的蛋白质含量。大豆的蛋白质含量检测目前主要有两种检测标准，一种是粗蛋白质含量标准，另一种是水溶蛋白质含量标准。粗蛋白质含量所指的是大豆中蛋白质的含量，而水溶蛋白质含量所指的是，经过水解方法后所能溶出的或是能提取出来的蛋白质。这种水解的方法是有局限性的，会有一小部分蛋白质不能被水解的方法分离出来，使残存在被剔除的豆渣中而流失。针对豆腐、豆制品的生产工艺而言，采用水溶蛋白质含量作为检测标准，对于原料的选择和对生产过程的控制是比较准确的。

东北大豆的粗蛋白质含量一般在35%～38%，水溶蛋白质含量则在23%～27%；南方大豆粗蛋白质含量一般在36%～39%，水溶蛋白质含量则在24%～28%。以上的两组数值，是针对产于东北牡丹江平原和江苏大丰地区的大豆而言。从数值上看，南方大豆的水溶蛋白质含量比东北大豆要略高一点，这对豆制品的投入产出率来说，经济价值是会相对高一点。但东北大豆的脂肪含量要远远超过南方大豆，其营养成分、口感、内在品质、感官形态以及微量元素含量等各项指标，都要胜于南方大豆，能够提高产品质量，增加营养成分和微量元素含量。

（2）大豆的杂质含量。大豆因种植面积、收割方式、晾晒条件以及人为因素等，造成了不同成品大豆的杂质含量各不相同，甚至差异很大。

大豆中的杂质含量严重超标（指人为因素），不仅仅是降低了所购的实际数量，它将明显地影响到豆制品的产品质量和出品率，甚至影响到消费者的身体健康。这是生产企业需要高度重视的。

东北大豆的单位种植面积很大，收割方式几乎全部是机械化作业。大豆中出现的杂质主要是在收割脱粒过程中不彻底，而剩余或漏掉的豆秸和豆皮。在晾晒装包过程中还有一个扬场筛选的工序，经过这道工序后，大豆所含杂质一般不会超过1%。如果在收割期出现雨雪天气，部分大豆中会黏有泥土，俗称泥花脸。如果发生较大的自然灾害，豆秧出现了倒伏，将会出现发霉豆。对于这些情况，在采购过程中应明确提出标准和要求，供货商在大豆精选的过程中是能够解决的。

南方大豆的种植面积明显要小得多，大面积集中种植的情况更是少见，尤其是蛋白质含量较高的大丰豆，有相当一部分是利用田间地头、沟渠地垄等拾边地以及荒地、生地来种植，有的则是在换季倒茬时种植，这种大豆的杂质含量是较高的，杂豆、串种豆也多，尤其是发霉豆的比例要远远高于东北大豆。由于收购的来源是散落的各家各户，产量不大，一种一收缺乏管理；并且品种杂，成熟度不一样，子粒的差异大，各种杂质多。这就需要供应商在收购过程中或收购后，要进行重新筛选，以确保大豆的含杂量不超过标准。

（3）原料贮存时间的长短对生产产品的影响。收割后的大豆依然存在着慢性生长变化的过程。新收割的大豆与半年期、一年期以上的大豆，在使用中有着明显的不同。收割后半年左右不超过一年的大豆，生产中便于操作掌握，产品质量和产品出品率稳定，外观洁白。当年新下来的大豆水分大，内部结构松软，水溶性较差，对凝固剂添加量和浓度的要求较为严格，蛋白质凝固后析出来的水清淡，并含有游离絮状物，这将影响质量和成品率。陈年大豆（一年半以上）在操作过程控制中会比较难掌握，尤其是需要炸制的产品，炸制膨起的程度与当年产的大豆会有较明显的区别，产品质量和产品出品率也将受到一定的影响。

三、操作技能

确定原料大豆的品种后，在进入生产线使用前要经过以下程序：

1. 对大豆样品进行检测

大豆购入之前，要先对大豆样品进行检测。检测内容有6项，即水溶蛋白质含量、粗蛋白质含量、水分、含杂率、大豆颗粒大小差异程度和颗粒破碎率。

2. 进厂大豆的一级计量

3. 原料入库登记

原料入库按一级计量数量登记，入库过程中按标准包随机检斤过秤，并开包检查感官质量。频次为每 50～60 包抽检一包，抽检质量的平均数乘以总包数得到总质量，与一级计量数量核对。

4. 悬挂待检标识

原料入库后要悬挂待检标识，说明该原料是没有检测的，不准许使用。待检标识要有如下内容：品名、总质量、批次号（即进货时间）、供货商名称、产地、单包质量、总包数量。原料入库时码放要隔墙离地，批次号之间要留有通道，执行先进先出的原则。

5. 随机抽样检测并留存样品

随机抽样的比例一般为每 30～45 包，分别取 3 包的不同部位，即上、中、下处各取 30 g 为一组的小样进行混合，混合后从中取出 30 g 作为检测样品，剩余的 60 g 可作为小样留存。每 10 组检测样品混合后为一个取样单元，再从中取出 1 000 g 作为取样检测的最终样品。由化验室进行检测。

6. 及时更换标识

检验室的检测结果判定合格后，书面通知生产部门、供应科和企管部，库管人员将该批次号的待检标识更换为合格标识，并通知选料操作工按顺序使用。库管员按照业务部下达的生产计划，监督每日的原料出库情况。

学习单元 2　原料准备——浸泡原料

一、学习目标

通过本单元的学习，能够根据不同季节、不同原料确定浸泡时间和水温，保证浸泡原料的质量。

二、相关知识

1. 影响大豆浸泡时间及产品出品率的因素

大豆浸泡时间与温度的关系如图 1—1 所示。浸泡水温受季节变化、环境温度影响很大，浸泡时间与季节气温的关系见表 1—1。水质对大豆的浸泡和产品的质量及出品率也有一定的影响（见表 1—2）。

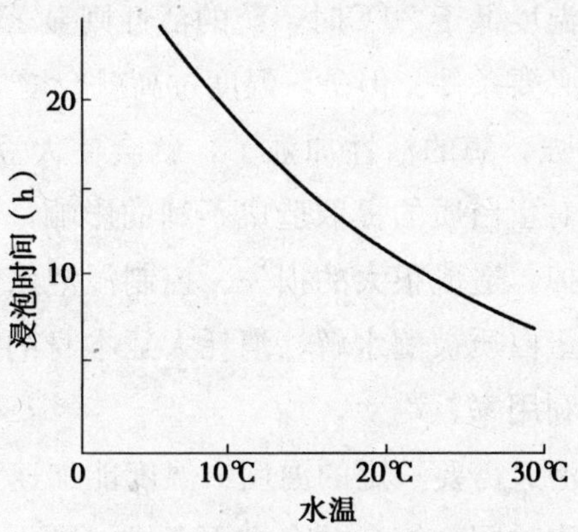

图 1—1　大豆浸泡时间与温度的关系

表 1—1　大豆浸泡时间与季节气温的关系

季节	环境温度（室温℃）	泡豆水温（℃）	浸泡时间（h）	pH 值
春秋季	15～20	12～18	10～12	6.5～7
夏季	20～35	17～25	6～8	6.5～7
冬季	5～15	5～15	13～15	6.5～7

表 1—2　不同水质浸泡大豆产品出品率

水质	豆浆中蛋白质（%）	豆浆制作豆腐的出品率（%）
软水	3.71	45.0
纯水	3.65	47.5
井水	3.41	30.0
含钙 300 mg/L 硬水	2.49	26.5
含镁 300 mg/L 硬水	2.00	21.5

水质的不同不仅对产品的出品率有明显影响，而且对产品的颜色、口感、内部结构、柔韧性、保质期、辅料的耗用等，都有不同程度的影响。所以，豆制品生产对水质的要求是第一重要的。

2. 浸泡时间、温度的调整要点

（1）季节调整。在我国，大部分地区一年四季温度变化是比较大的，对于生产中原料的浸泡，受季节温度的影响很大，特别是东北、西北等地区。原料浸泡的时间要根据季节的变化随时调整。

（2）浸泡温度。浸泡温度与浸泡质量关系很大，因为大豆中的水解蛋白酶在水分和温度的催化条件下产生明显作用，温度越高，酶的活性越强，其中在35～50℃的范围内是最适宜的温度，当温度高于50℃时，酶的活性下降，当温度低于20℃时，酶的活性则显著减弱。温度是水解蛋白酶进行分解的必要条件。但是，温度过高就会增加大豆的呼吸作用，从而使酶的活性增强，酶的活性加强了，就会使大豆浸泡水逐步变酸，而酸度值的增加会对蛋白质的提取造成不利的影响，部分蛋白质被酶水解，随泡豆水排放掉，造成很大的损失。控制浸泡水的温度，就是防止浸泡水变酸，大豆蛋白质被酶水解，消耗大豆本身的营养成分，影响到蛋白质的提取率和利用率。

另外，大豆浸泡又需要一定的温度，温度能加速大豆组织对水分的吸收作用，减少浸泡时间。综合两个方面考虑，既不让泡豆水变酸，又缩短大豆的浸泡时间，就必须对浸泡温度进行控制。在一般情况下，浸泡水的温度应控制在17～25℃。

气温偏低的地区，冬季可以适当增加水温浸泡原料；气温高的地区，浸泡时要定时换水，降低浸泡水的温度。

（3）浸泡时间。季节的温度是不能人为调整的，虽然可以调整局部室温，但是经济代价较高。浸泡的温度是有范围的，虽然可以作适当调整，但是同样要付出经济代价。只有浸泡时间是可变因素，可以调整。时间的调整受生产能力、生产安排、经济效益等因素的制约，要以最经济的考虑确定浸泡时间，适应生产的需要。确定浸泡时间要考虑的因素有季节温度、室内温度、用水温度、设备、设施浸泡能力、班次间隔时间、磨制设备能力等。

（4）不同原料浸泡时间的调整。浸泡原料的时间，还要考虑到原料的特性，进行适当调整。例如，陈年大豆，浸泡时间要增加；新收获的大豆质地鲜嫩，含水量大，要缩短浸泡时间。同时，大豆中脂肪含量的多少，也对泡料时间的长短产生影响。脂肪含量高，浸泡时间相对延长，反之则缩短。南、北方大豆浸泡时间也有差异，北方大豆脂肪含量较多，浸泡时间要略长一点，东北大豆所需浸泡的时间要比南方大豆增加1～1.5 h，特别是夏季比较明显。浸泡温度的调整，同样存在这种现象，东北大豆的耐热力要高于南方大豆，浸泡温度可比南方大豆略高1～3℃。不同品种的大豆，要分别浸泡，以便调整时间及温度，使原料达到浸泡工艺要求。

(5) 不同水质浸泡时间的调整。不同的水质浸泡原料，蛋白质的提取率是不一样的，偏软的水质浸泡原料为最好，浸泡时间可以相对缩短。使用矿物质较多，水质较硬的水浸泡原料，矿物质中的金属离子和酸根离子对大豆膨胀能够起到抑制作用，浸泡时间应该适当延长。

(6) 特殊情况的调整。了解了原料的浸泡特点和工艺要求，生产中遇到特殊情况可以对浸泡原料作特殊处理。例如，生产时遇停电、设备故障，在夏季停产时间超过 2 h 时，所有浸泡原料容器中的泡料水都必须更换新水，并且每间隔 1 h 更换一次，防止泡豆水变酸。

每年新大豆收购后，都会有“死豆”出现，所谓“死豆”，就是在正常浸泡的情况下不能吸水膨胀的大豆。死豆可以用温水浸泡，浸泡后期要用自来水反复冲洗两次，并在自来水中浸泡 30 min 后，大豆吸水膨胀率能够达到 98%以上时再使用。遇到临时增加生产数量，需要缩短浸泡时间时，可以采取温水浸泡。但是，温水浸泡的方法，在生产中是不提倡使用的。

学习单元 3 辅料选择

一、学习目标

通过本单元的学习，了解生产所用辅料的种类，能根据产品工艺要求，正确选择和使用辅料。

二、相关知识

豆制品生产所使用的辅料，对产品的质量、品质、口感、色泽、品种、产量、效益等，都具有十分重要的影响。

1. 辅料种类

在豆制品的生产过程中，需要有相应的辅料添加在其中，才能生产出不同品种、不同口味、不同颜色、不同营养成分的各种类型的产品。生产中所使用的辅料，大体上可分为三大类。

(1) 凝固剂。凝固剂用于大豆蛋白质的凝固，通常使用的凝固剂有三种：

1) 盐卤。盐卤即氯化镁，化学分子式为 $MgCl_2$。盐卤对豆浆的反应速度快，保水性较差，适于生产北豆腐、炸炒卤制的豆制品。

2）石膏。石膏即硫酸钙，化学分子式为 $CaSO_4$。石膏对豆浆的温度、浓度有较明确的要求，它的反应速度较慢，保水性较好，适于生产南豆腐、绢豆腐、板豆腐等。

3）葡萄糖酸内酯。葡萄糖酸内酯俗称内酯，化学分子式为 $C_6H_{10}O_7$。葡萄糖酸内酯对豆浆的温度要求是严格的，对豆浆浓度也有具体要求。内酯随着温度的升高与豆浆的反应速度加快，保水性很好，适于生产内酯豆腐、嫩豆腐、豆腐脑。

（2）食用油及食盐

1）食用油。食用油在产品中的使用是非常普遍的，尤其在适合于北方口味的产品中，70％以上的产品都要经过食用油的炸制后，再进一步作深加工，增加花色品种和产品的色香味。在大豆产品的炸制过程中，基本上都使用菜子油或豆油，这两种油炸制出来的成品或半成品颜色好，耗油量一般控制在 17％～20％。花生油虽更好一点，但成本高，口味和颜色并没有明显区别。

2）食盐。食盐是国家统购统销的特殊商品，几乎所有的豆制品都要添加食盐。加碘盐是国家制定的标准，在具体的地理区域里又是强制标准。工业用盐及散装大盐是严格禁止在生产中使用的，任何人不得将工业用盐用于生产食品中，违反这一点将要负法律责任。

（3）调味品。调味品可分为液体调味品、固体调味品和香辛料调味品三类。

1）液体调味品。液体调味品是以液体形式或半液体状态存在，如香油、酱油、料酒、甜面酱、豆豉酱、郫县辣酱等。

2）固体调味品。固体调味品是以固化形式或结晶的形态存在，如白糖、味精、碱等。

3）香辛料调味品。香辛料调味品指的是味道十分浓重，有些品种的刺激性比较强烈，用于产品中是为达到某种要求的口味特点，或为增加产品的特色、营养成分、新奇特口味，以及将产品特色提高到某一个程度而专门配制的调味料，如花椒、大料、桂皮、茴香、麻椒、辣椒、胡椒等，日常用的葱、姜、蒜等也属于香辛料。

2. 辅料调配

辅料调配是指根据生产产品的要求，按照配方或配料单所需要添加的各种调味品种类、数量，提前进行准备和调配。辅料调配是有温度、时间、数量、质量、顺序、方式、容量、专用工具等诸多因素要求和限制的，必须严格执行，不得随意改变和调整。

产品的配方也称为产品的配料单，是产品的档案资料。它详细记载了产品在半成品坯子以后的深加工过程中，所应该使用的全部调味料的品种和数量。

配料这项工作一般都安排专人负责。根据各品种的生产计划数量，以固定的产品单位产量或批次产量作为辅料数量计算的基准，用专用工具盛放每一个单位或批次产品应该使用的辅料数量及品种。

【案例】　炸、炒类产品——“辣块”的辅料调配

辅料数量计算的基准：50 kg 炸制好的半成品坯子的质量。

辅料调配：散装酱油 4.5 kg、啤酒 2 标准瓶、辣椒面 0.75 kg、白糖 3.5 kg、味精 0.1 kg、精食盐 1.25 kg，标准质量的五香料包一个（大料、花椒、桂皮、大小茴香等），五香料水 25 kg，由操作工人自备（所需五香料水的品种可共用）。

调配好的辅料，酱油用 5 kg 标准塑料桶盛放，辣椒面、白糖、精食盐用不锈钢盆盛放，五香料包用双层豆包布封装。以上这一标准单位的辅料（俗称“一锅料”），要固定放在标有“辣块”的辅料柜里。所有需要当班生产的品种，辅料都必须要有专用的、名称标识十分显著的辅料柜来存放。

三、操作技能

辅料的配制是一项细致的工作，各品种之间辅料的差异很大，品种数量多。品种越多，辅料配制的种类就会越多，范围也就越大。辅料的配制如果出现问题，对产品的质量和成本核算都有着直接的影响。

1. 辅料的配制

（1）清理盛放辅料容器的卫生。上班时，应清洗盛放辅料的各种容器具，并对其进行消毒。先用清水洗干净，再用热水消毒 20 min 后倒置控干水分，自然冷却后待用。

（2）查阅生产品种计划单。按照生产调度或业务部门制定的生产计划单，统计出需要配置的生产品种和生产数量，详细记录在配料记录单上，并核算出每一个品种具体需用辅料的用量。然后填写领料单，交生

产调度或车间主任签字批准，领料备货。

（3）校验计量器具。计量器具在使用前必须要进行校验。豆制品在生产过程中水蒸气多、湿度大，对计量器具有影响，要有相应的措施。

（4）称重分装液体辅料。液体辅料大多数都是散装购入，酱油、香油是必备的辅料。类似酱油、醋等的盛放物应统一使用标准容量的塑料桶；类似香油、啤酒等辅料，要先擦拭干净玻璃瓶后，随辅料车中的固定筐进入生产现场。先分装此类辅料是因为工作起来有点劳动强度，受场地、路途、装卸等条件限制，先期备好后放到指定位置，便于对后期配料的品种和数量进行核对。

（5）称重分装固体辅料。固体辅料要有专用的配料间。分装时使用的不锈钢盆要明显标有辅料名称，它的大小或容积要大于所盛放辅料体积的 1/5，不能有溢洒的现象。配料顺序是一个品种的需要量分装结束后，再开始另一个品种的辅料配置。一个品种的单元辅料应集中放在一个位置或一个层面上，不准许采用同一种辅料各自摆放在一起的方式，杜绝操作者自行取辅料配制的不规范现象。辅料中用量少的味精、姜粉等，它的内外小包装都是不准许进入生产现场的，它所盛放的容器要有能够加水溶解的余地。

（6）称重分装香辛料和五香料包。

（7）全部辅料配制完毕，按不同品种放入指定位置的辅料柜，与配料记录单进行最后核对后，才能交付使用。

2. 其他需要提前浸泡辅料的配制

在大豆食品中还有需要添加一些干菜类、菌类的辅料，用来增减产品的特色和营养成分，增强色彩，调剂口味。

（1）食用菌类。食用菌类指的是香菇、草菇、蘑菇等。这种辅料大多数需要提前用水浸泡发制，这就需要配料员提前 2～3 h 称重后先浸泡，冬季天气凉时可用温水浸泡。加入水后要反复冲洗，去掉杂质，再加入净水浸泡。

（2）木耳腐竹类。这类辅料添加到大豆食品中，主要是增加营养成分和配色。木耳浸泡时间短，腐竹吸水较慢，一般需浸泡 4～5 h。

（3）密封桶装水发好的辅料。这一类的品种是指清水马蹄、玉兰片、番茄酱等。这类辅料在配制中需要注意的是：包装的标准质量一般是 6 kg，实际生产中若需要的比 6 kg 少或者不是 6 kg 的整数倍，开罐后剩余的辅料需要低温储存。

四、注意事项

我国饮食文化源远流长，调味料的品种繁多，要不断研发新产品，博采众长，不拘一格。调味品和调味剂是两种根本不同的辅料，它们分别是自然生长与化学合成的，不能混淆。

第二章 制浆

第一节 磨制

学习单元1 磨制质量分析

一、学习目标

通过本单元的学习，能够了解并掌握影响磨制质量的各方面原因，做到理论与实践相结合，在生产中能够根据实际情况分析和解决磨制存在的质量问题。

二、相关知识

豆制品机械化生产中，常用的磨制设备为砂轮磨。砂轮磨的主要部件之一是砂轮片，它是用黑色碳化硅、陶瓷黏结剂等经烧结而成。砂轮片外缘15～20 mm区域为平面，是磨制研细的作用面，从此至圆心区域为凹面，上下砂轮片对接后，形成磨膛，这是原料进入后初步破碎、粗磨的区域。砂轮片的这一结构，会在生产中经不断磨损而改变，因此是重点维护和修整的对象。

1. 磨制原料的要求

进入磨制工序的原料，必须是经浸泡后符合原料工艺要求的大豆，否则会直接影响产品质量，并且还会对机械设备造成不利影响，降低设备寿命。因此，凡进入磨制工序的原料，必须是经浸泡后，饱满，略有凹心，不糟，有手劲，不脱袍的大豆。

2. 磨制质量分析

磨制工序是豆制品生产中的关键环节之一。由于豆制品生产流程具有的单向性和不可逆性，决定了磨制质量问题会引发一连串的后续问题，会直接影响到分离的效果、产品成型以及产品的出品率和最终品质。因此，磨制工序的质量控制必须严格到位，这就要求相关生产人员一定要具备工作责任心和良好的质量分析和判断能力，以及扎实过硬的机械设备操作技术基础。为保证良好的磨制质量，应对如下方面加以分析控制：

(1) 加水量与加料量的比例。砂轮磨作为湿粉碎设备，要求工作时必须保证一定的加水量。水与料在离心力作用下，经研磨甩出磨膛，形成磨糊。如果加水量与加料量的比例不当或不能保持以稳定的、持续的比例添加，就会影响研磨效果，导致磨糊粗细度不均，磨糊浓度波动。因此，适宜的加水量与加料量的比例是保证磨制质量的基础。正常的加水量与加料量的比例一般大于或等于1∶1。在机械运行时，应对加水与加料装置进行监控，保证其稳定性。

(2) 磨糊的粗细度。理论上磨糊中的颗粒直径应在2～3 μm。感官上磨糊不粗不糟，颜色均匀，没有粒身，手指轻捻有片状感，无颗粒感。磨糊的颗粒过大，会直接影响蛋白质在水中的进一步溶解，从而影响产品的出品率；磨糊的颗粒过小，容易堵塞分离机的过滤网，影响分离机的正常运行；磨糊的颗粒小到能够穿透过滤网孔，导致后续浆渣分离不彻底，所制成的豆浆或豆制品有面渣感，口感差。因此，在磨制工序中磨糊的粗细度是重要的工艺指标。影响磨糊粗细度的因素，除了与以上所述加水量与加料量的比例有关外，还与泡料程度和机械设备方面的因素有关，如磨片转速、磨片间距、研磨区域等。

(3) 温度。磨糊的温度是影响磨糊质量的又一重要因素。温度过高会引起大豆蛋白质的部分变性，从而影响产品的成型和最终的出品率。另外，温度升高会加快磨糊中细菌的生长和繁殖，不但对后续产品的消毒灭菌造成压力，容易引起产品卫生质量问题，而且细菌生长代谢产生的酸性物质也会引起大豆蛋白质的变性，从而影响产品的成型，降低产品出品率。因此，控制磨糊的温度，在需要的情况下进行降温处理是非常必要的。温度的升高主要是由于磨制过程中机械和原料摩擦产生热量和环境温度升高造成的，可酌情采取相应的措施降温。

学习单元 2　磨制工艺控制与机械调整

一、学习目标

通过本单元的学习，能调整磨制设备，保证工艺质量。

二、相关知识

磨制工序是对生产原料前期的物理处理，是将原料进行适当的破碎研磨，从而产生优质的磨糊，再经分离后，为豆腐及豆制品的生产提供浓度适宜、特性良好的浆源。判定磨糊质量的主要指标就是磨糊的粗细度（颗粒度）。粗细度的判定标准和控制的意义在上一单元进行了阐述，以下重点讲述影响磨糊粗细度的因素和相应的控制调整措施。

1. 砂轮片的间距

砂轮片的间距是指上、下砂轮片外缘的研磨面之间的垂直距离。砂轮片的间距大小影响着磨糊颗粒的粗细度。理论上砂轮片的间距应调节到 10 μm 左右，在实际生产中，砂轮片间距的调节多依靠经验判断。砂轮磨在开机前应把砂轮片间距调大，开机后随着水与料混合进入磨膛，不断地调节砂轮片之间的距离，距离是否适宜主要根据磨糊的情况来判断。同时，机械声响也有变化，这就要根据操作者经验来判断了。当达到适宜间距后，将调节机构固定锁死，防止因固定装置松动而造成砂轮片间距变化，也就是俗称的“跑磨”。在调节的过程中应当注意砂轮磨不能空载，以免砂轮片之间发生直接接触产生火花，发生危险。

2. 砂轮片的修整

在正常情况下，砂轮片由于工作磨损和不断的消耗，其研磨作用面会不断增大，而呈凹面的磨膛空间则会不断缩小，当磨膛空间减小到一定程度时，就会影响进料的速度和进料粗磨的处理量，从而影响磨糊的处理速度。同时，由于研磨作用面积增大，容易造成磨糊过细。另外，如果有异物或硬物进入砂轮磨，会将砂轮片的研磨面破坏，破坏的砂轮片会出现沟槽，使研磨区域变小，从而影响磨制效果，严重时会导致砂轮片断裂。因此，当发生上述情况时，应对砂轮片进行修整。通常的修整方法是将砂轮片卸下，在砂轮片车床上重新修型，也可以手工修整，但手部力度把握要稳、准，这就要求有相当高的技术和经验了。对于反复修整的砂轮片，要保证其厚度不得低于 2.5 cm，低于 2.5 cm 的砂轮片由于强度不够容易断裂，必须淘汰。

3. 砂轮片的转速

通常情况下，由于电动机的输出功率不变，砂轮片的转速也不变，此时生产能力为 300 kg/h，砂轮片转速为 1 440 r/min，电动机功率为 7.5 kW。如果砂轮片转速降低，会使砂轮磨内部的离心力降低，从而影响进料的处理速度和磨糊粗细度，因此，应经常检查砂轮磨的传动带，保持正常的松紧程度，防止传动轴丢转。

第二节　分　离

学习单元 1　分离质量分析

一、学习目标

通过本单元的学习，熟悉分离质量标准，掌握分离质量问题的分析和判断方法，能够解决生产中的常见质量问题，灵活应对生产中的突发事件。

二、相关知识

1. 分离后的豆浆

磨糊经过第一次分离过滤产生的豆浆称为“一浆”或“头浆”，同时产生的豆渣经过稀释后，再分离过滤产生的豆浆称为“二浆”，同理，经过三次分离产生的豆浆称为“三浆”，经过三次分离的豆渣基本被认为无再次分离的价值，作为废料处理。

2. 消泡剂

消泡剂是在制浆工序中经常用到的食品添加剂，国家标准规定的豆制品生产中允许使用的消泡剂为高碳醇脂肪酸酯复合物，其最大使用量为 0.16%，这一点在生产中应严格掌握。

三、操作技能

在制浆工序中，考察分离质量和效果，应主要从豆浆浓度、豆渣情况、最终豆渣蛋白质和水分含量三方面分析。

1. 豆浆浓度

在制浆流程中，最终豆浆浓度能否符合工艺生产要求，是判定制浆工作的标准之一。豆浆浓度的调配是后续工序中产品成型的关键。决定豆浆浓度的主要因素是加水量，加入制浆各工序的水具有如下几种作用：

(1) 作为稀释和提取大豆蛋白质的介质。

(2) 为原料的推进和研磨起辅助作用。

(3) 降低砂轮磨工作温度。

因此，在生产所需的情况下，通过水的调节作用，使豆浆浓度控制范围具有广泛性。一般磨制时加水量与加料量的比例为 1∶1 时，豆浆浓度为 15～16°Bé；加水量与加料量的比例为 4∶1 时，“一浆”浓度为 6～7°Bé，“二浆”浓度一般为 3～4°Bé，“三浆”浓度为 0.5°Bé 左右。在豆制品生产中，如果发生“一浆”浓度不能达到要求，即检测浓度偏低，则判断为加水量有波动或是原料大豆本身的水溶蛋白质含量不达标，应采取相应的调整措施。如果出现“二浆”和“三浆”的浓度都偏高，则为“一浆”分离不彻底，如果出现“三浆”的浓度偏高，则为“二浆”分离不彻底，此时通过出渣情况和机械情况，判断、分析最终的原因。

另外，豆浆中固形物的沉淀或加热凝聚作用，会使生浆在经过不同管路后或加热煮浆后浓度有不同程度的降低，因此应注意豆浆浓度的前后变化。

2. 豆渣情况

磨糊经离心机分离后的豆渣进入搅拌槽，进行豆渣的稀释。在正常情况下，离心分离机排出的豆渣应为雪花状连续下落的豆渣。

(1) 如果豆渣呈糊浆状连续流下，可能由于如下原因。

1) 进入进料口的磨糊量太大，离心机的分离能力有限，处理不了多余的磨糊。在这种情况下，必须降低磨糊的进料量或暂时停机，以防造成磨糊的大量浪费。

2) 离心机内置过滤网堵塞。此时应停机后对过滤网进行更换或清洗，并检查砂轮磨的工作情况，确认磨糊颗粒度是否达到正常标准。

（2）如果豆渣下落的数量明显减少，可能由于如下原因。

1）磨制工序产生的磨糊量减少，不能满足分离机的需要，遇此情况应在磨制工序调整进料量。

2）输料管路不畅通或有泄漏。在这种情况下应注意是否有异物在磨糊的汇集处，同时检查管路是否有泄漏情况。

3）离心机内置过滤网有破损。如果发生这种情况应立刻停机更换过滤网，同时注意将“跑渣”豆浆进行截留和过滤的补救处理，以防大量豆渣进入后道工序，影响产品质量。

3. 豆渣中蛋白质和水分含量

经过三次分离后的豆渣，要进行蛋白质含量和水分含量的理化检测。通常豆渣的蛋白质含量约为 2.5％以下，水分为 85％左右。如果豆渣蛋白质含量偏高，可能的原因很多，包括原料的选择、浸泡质量、磨制程度以及分离效果方面的影响，因此，需要逐级排查确认。在生产过程中一般后两者的可能性偏大，但不排除前两者的可能。如果水分含量超标，说明“三浆”分离机的分离未达到要求。以上两项数据是一种综合情况的判定标准。因此，具体问题还应具体分析。

学习单元 2　分离工艺与设备调整

一、学习目标

通过本单元的学习，了解分离工序中所出现的质量问题的原因，能通过对工艺和设备的调整，保证工艺质量。

二、操作技能

在制浆工序中，考察分离质量和效果，根据工艺流程和原理进行充分的分析后，对分离工艺与设备进行调整。

1. 豆浆浓度的调节

豆浆浓度的调节是根据产品的需要来进行的，但在特殊情况下，需要调节豆浆浓度来进行补救时，也会作临时调整。欲在原有基础上调高豆浆浓度，可以通过以下方法进行调节：

（1）减少磨制时的加水量。如果大幅度降低加水量，很容易造成磨糊温度的升高，此时可以用冷却后的生产用水代替原有的生产用水，保证磨糊的温度在室温以下。

(2) 加料时引入“三浆”或“二浆”。用“三浆”或“二浆”代替原有的生产用水，可以有效提高豆浆浓度，还可以避免因减少用水量而造成的磨糊温度升高，同时比第一种方法更节约因制冷所造成的能量消耗。浓度较低的“三浆”（一般为 0.5°Bé）和“二浆”（一般为 3～4°Bé）也得到了良好的利用。因此，这种方法被生产企业广泛采用。

另外，低浓度豆浆的调配一般用“三浆”或“二浆”与“一浆”混合。

2. 离心机的调整

离心机的调整是通过对出渣情况和机器工作情况进行分析后得出的。离心机的调整需要由专业人员进行。

(1) 离心机分离效果差并有跑渣现象，可能是分离网固定不好，要考虑对过滤网进行加固。例如，将 80 目的尼龙网直接固定在转鼓上，使尼龙网得到良好的支撑，不会出现褶皱现象。

(2) 离心机工作效率低，可能是转鼓上的孔洞小、少，可增加转鼓上的孔洞，以提高过滤时浆的渗流速度，增加孔洞的布局，使旋转的转鼓能达到良好的动平衡。

(3) 如果分离机工作时噪声较大，可能是分料不均匀，要检查进料的分离伞是否分配均匀，如果不均匀就应调整进料管口与分离伞之间的距离，使其保持在 1 cm 左右。

第三章 豆制品半成品加工

第一节 发酵性豆制品半成品加工

学习单元1 培菌

一、学习目标

通过本单元的学习，能够熟练掌握毛霉菌种分离纯化的技术方法，能够掌握菌种退化、复壮、分离的知识。

二、相关知识

1. 菌种的退化

（1）菌种的退化现象。常见的菌种退化现象表现在以下几个方面：

1）菌落和细胞形态的改变。每一种微生物在一定的培养条件下，都有一定的形态特征。如果典型的形态特征逐渐减少，就表现为退化。例如，某些霉菌在斜面上多次传代后，产生“光秃”型，出现生长不齐或不产生孢子的退化，这种退化是不利于生产的，因为孢子对扩大接种、菌种选育和保藏都是十分重要的。

2）生产性能的下降。生产性能的下降，对生产是十分不利的。例如发酵菌株的发酵能力下降，代谢产物减少等，都是明显的退化。

3）对生长环境的适应能力减弱。例如，抗噬菌体菌株变为敏感菌株，原来能利用某种物质的能力降低等。

（2）菌种退化的原因。菌种退化的原因有以下几个方面：

1）有关基因的自发突变。菌种在正常情况下会发生自发突变。虽然自发突变的几率很低（一般为 10^{-10}～10^{-6}），但是随着移植次数的增加，退化细胞的数目不断增加，会从劣势逐渐变为优势。如果控制产量的基因发生负突变，则表现为产量下降；如果控制孢子生成的基因发生负突变，则产生孢子的能力下降。

2）育种后未经很好的分离纯化。由于许多微生物细胞中含有一个以上的核，经诱变处理后，往往容易形成不纯的菌落，即使是单核细胞，也会出现不纯的菌落。这些不纯菌落，如果未经很好地分离纯化，再经过几次移植传代，很容易导致核分离，使生产性状发生变化。如果某一个高产菌株是来自一个以上的孢子或细胞形成的菌落，而其中只有一个是高产突变孢子或细胞，那么经过传代，也会导致产量的降低。

3）培养条件的改变。培养条件包括温度、pH 值、培养基等。如果一个菌种长期生长在不适应条件下，其优良性状不易保持，会向相反的方向退化。

4）污染杂菌。如果高产菌株污染了杂菌，或感染了噬菌体，则很容易产生退化。

（3）防止退化的措施。菌种的退化是一个从量变到质变的逐步演变过程。如果及早地采取措施，可以防止退化或推迟退化的时间。一般来讲，下列方法对防止菌种退化是有一定作用的。

1）尽量减少传代次数。减少传代次数，可以降低自发突变的几率，这样就减少了菌种发生退化的机会。

2）充分利用孢子接种。由于菌丝含有多核，常易引起退化。而孢子一般是单核的，所以利用孢子接种，可以防止退化或推迟退化的时间。

3）选择合适的培养条件。培养条件的改变，对菌种的退化有一定的影响。因此，在生产中，要尽量选择适合某种微生物生长的培养条件。

4）采用好的保藏方法。保藏方法的好坏，直接影响着菌种优良性状的稳定性。一般认为，利用低温保藏菌种，可以防止基因发生自发突变，遗传性可得到保持。另外，不同的微生物应有适合于自身的良好的保藏方法。

5）经常进行分离纯化。无论是在育种时，还是在生产使用时，经常进行分离纯化，进行生产性能测定都是很重要的，这样可以保证菌种纯度，及时淘汰低性能菌株，防止菌种进一步退化。

2. 菌种的复壮

如果确知某菌株已发生退化，那么必须经过复壮提纯后，才能保证生产上的需要。

（1）分离纯化。分离纯化是指从混杂的微生物群体中获得只含某一种或某一株微生物的过程。由于突变是随机的，既能产生负变，降低产量，也会产生正突，提高产量。因此，对原菌株进行分离纯化，从退化菌种中找出少数高产菌株，是有可能的。如果是污染了杂菌，通过分离纯化，消除杂菌，可以使退化的菌种重新强壮起来。

（2）遗传育种。可把退化菌株作为出发菌株，重新进行遗传育种，从中选出高产的、不易退化的稳定菌株。

3. 分离纯化

（1）基本概念

1）分离。分离是指从混杂的微生物群体中获得单一菌株纯培养的方法。

2）纯种（纯培养）。纯种是指一株菌种或一个培养物中所有的细胞或孢子都是由一个细胞分裂、繁殖而产生的后代。

（2）分离纯化方法。在发酵豆制品生产中经常需要重新分离被其他微生物污染或因自发突变而丧失原有优良性状的菌株。尽管所分离、纯化的菌种不同，但分离、筛选及纯化新菌种的步骤都基本相似。较常用的分离纯化方法有：

1）平板划线法。平板划线法是将增殖的含菌培养物，在固体培养基表面作规则的划线，密集的含菌样品经多次划线稀释，最后得到单个细胞发育的菌落。此种方法简单易操作，但必须积累一定的经验。平板划线的方法如图 3—1 所示。

2）稀释涂布平板法。取一滴样品稀释液于平板培养基上，用无菌玻璃涂布器，将样品在琼脂培养基表面均匀涂布，使其形成单个菌落。在应用此种方法进行分离时，样品必须作倍比稀释。从样品中进行分纯的稀释分离操作过程如图 3—2 所示。

3）稀释混合平板法。样品必须作倍比稀释，且必须严格控制平板培养基的温度。

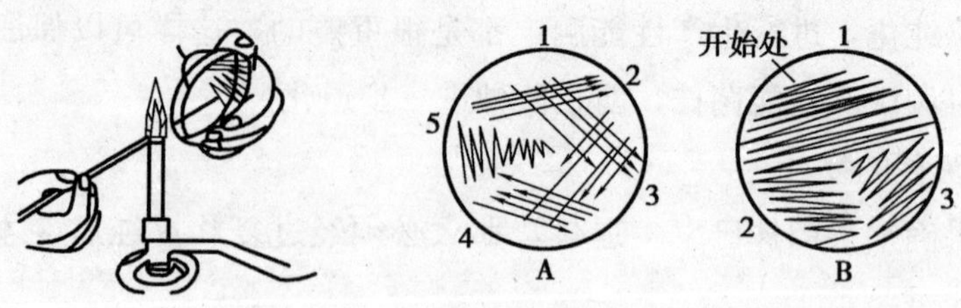

图 3—1　平板划线法

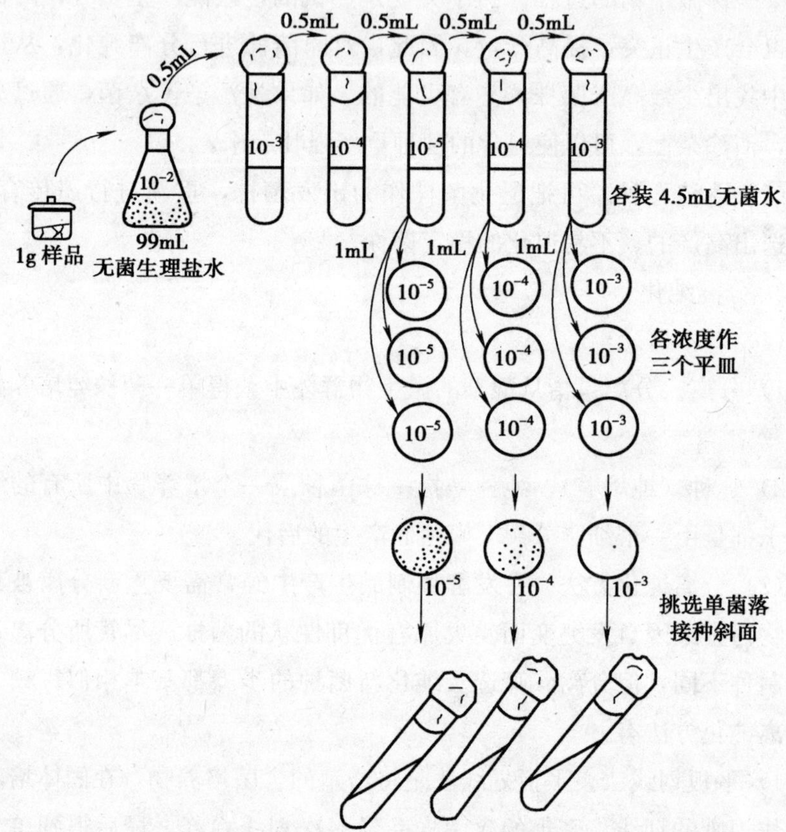

图 3—2　稀释分离操作过程

三、操作技能

毛霉的特点是蔓延繁殖，没有一定的菌落形态，常易与其他霉菌混生，所以分离时可采用大稀释度、早移植、添加抑制剂等措施，可获得良好效果，分离培养后可依照形态特征进行鉴别。下面介绍经常应用的适合于毛霉菌种分离纯化的稀释混合平板法。

1. 制备样品稀释液

取需纯化的菌管内菌膜，加入到一个盛有 90 mL 无菌水或无菌生理盐水并装有玻璃珠的锥形瓶中，振荡 10 min，约成 10^{-2}的稀释液。

2. 倾注法分离

依前法将稀释液再依次稀释成 10^{-3}，10^{-4}，10^{-5}的稀释液，然后用无菌移液管分别吸取 1 mL 10^{-5}，10^{-4}，10^{-3}的稀释液于相应编号的无菌培养皿内，用冷却到 45～55℃的培养基倾倒平板。为了抑制细菌生长和降低菌丝蔓延速度，培养基配制时需加入去氧胆酸钠。每个稀释度作 2～3 个平行。

3. 培养

混匀冷凝后，将平板倒置于 25℃左右的恒温培养条件下（温度根据毛霉菌种的生长条件而定）进行培养，约 1 天后观察结果（菌丝需对着灯光从平皿底部观察）。

4. 挑菌

在毛霉菌丝稍有生长时挑取单个的小菌落移入斜面试管中。在 25℃恒温培养条件下进行培养，观察各个单菌落的长势。2～3 天后菌丝基本布满菌管，选择 2～3 个分离菌管来进行生产试验。

四、注意事项

1. 加入的去氧胆酸钠要适量。加入的量太少，不能起到控制毛霉菌丝蔓延速度的作用，使得单菌落在较短的时间内会相连在一起，无法分离单菌落；加入的量太多，会抑制毛霉孢子的萌发。

2. 在倾倒平板时，注意培养基温度不要过高或过低，温度太高会杀死毛霉孢子，温度太低培养基会凝固。

3. 在进行分离纯化的每一道工序中，要时刻注意按照严格的无菌操作进行。

学习单元 2　配料的制作工艺

一、学习目标

通过本单元的学习，能够掌握配料在腐乳制作中的作用及其制作工艺。

二、相关知识

腐乳色、香、味、体的形成主要是配料在其后期发酵过程中作用所致。由于各地腐乳制作工艺不同，所用配料也不尽相同，因此，制作出的腐乳亦别具风味。

腐乳的配料中主要的辅料有面曲、红曲、酒类等，另外，还有所需的各种香辛料和调味料，由于其性质不同，在腐乳后期发酵过程中的作用也就不同。

1. 面曲

由于面曲中米曲霉和其他微生物分泌的各种酶系非常丰富，特别是含有较多的蛋白酶和淀粉酶，所以，在腐乳后期发酵过程添加面曲，不但可以提高腐乳的香气和味道，也可促进腐乳的成熟。其用量随腐乳品种不同而异。

2. 红曲

红曲是一种天然的食品着色剂，是一种安全的生物色素。它是以籼米为主要原料，经过红曲霉菌在米上生长繁殖，分泌出红曲霉红素使米变红而成。红曲呈紫红色，极易在食品上着色。它除起着色作用外，还有明显的防腐作用。红曲所含有的淀粉水解产物——糊精和糖，蛋白质的水解产物——多肽和氨基酸，对腐乳的香气和滋味形成有着重大的影响。因为红曲含有较高的糖化型淀粉酶，所以它还具有消食、活血、健脾胃之功效，能刺激人们的食欲。

3. 酒类

酒类是腐乳后期发酵过程中，添加的又一重要辅料，主要是白酒、黄酒等。酒类的作用是：酒精可以抑制杂菌的生长，又能与有机酸形成酯类，促进腐乳香气的形成。酒类还是色素良好的溶剂。白酒酒质应纯正，无异味。由于黄酒是酿造酒，成分更为复杂，用其作辅料效果更佳。

4. 香辛料

香辛料是一类具有香、辛、麻、辣、苦、甜等气味的典型的天然植物性调味品。使用香辛料不仅是为了调味和制作各种风味腐乳，主要还有利用其所含的芳香油和刺激性辛辣成分，抑制和矫正食物的不良气味，而且更重要的是有助于促进发酵和具有食品防腐的功用。例如，在酿制腐乳时常加入花椒、辣椒、茴香、桂皮、生姜等，这些香辛料中含有的花椒酰胺、蒜辣素、茴香醚及茴香醛等成分，既有极强的杀菌能力，又有良好的调味功能。

三、操作技能

1. 面曲的制作

面曲是面粉经蒸煮，接入米曲霉培养而成。面粉分为精制粉、标准粉、普通粉，生产上使用的面粉一般为标准粉，其成分见表 3—1。

表 3—1　　标准粉成分表　　%

水分	粗蛋白质	粗淀粉	粗脂肪	灰分
9.5～13.5	9～11	72～77	1.2～1.8	0.9～1.1

（1）工艺流程。面曲的制作工艺流程如下所示：

面粉和水──→蒸煮──→粉碎──→冷却──→接种──→制曲──→面曲

（2）操作要点

1）蒸熟。蒸熟方法有常压蒸熟和高压蒸熟两种。常压蒸熟采用的蒸桶一般是木桶、不锈钢桶或圆形池；高压蒸熟采用高压蒸料机。

①桶蒸熟操作。桶蒸熟操作步骤为：首先，将面粉放入容器内，加34%～36%水，用双手或机械拌和，不得有块状；然后，将面粉陆续分批分层加入蒸料桶内，每加一层后要待热汽冒出才可再加料；最后在入桶完毕并全部冒汽后，将面层翻拌 1 次。蒸熟的面糕以疏松、有弹性、呈玉色，咀嚼时不黏牙，稍有甜味为佳。

②高压蒸料机蒸熟操作。高压蒸料机蒸熟操作步骤为：每次先将25 kg面粉倒入蒸料机内，加水 7～9 kg，立即盖好盖子；然后开动搅拌器及蒸汽，蒸 3 min 即可成熟。放出的面糕疏松、喷香。采用这种蒸料机可减轻操作人员的劳动强度，节约燃料，提高工效，利于通风制曲。

2）接种、制曲。待面糕冷却至 40℃以下时，接入米曲霉菌种，接种量为面粉的 0.4%。拌匀后，送入通风曲箱内，疏松摊平，室温保持在 30℃左右。入箱后，品温不低于 30℃。静置培养 12 h 后，品温开始上升。待品温上升到 33℃以上时开始鼓风。若品温低于 30℃，则停止进风。16～18 h 进行第一次翻曲，36 h 时进行第二次翻曲。之后要适当补加温水，保持曲料湿度，利于米曲霉生长。48 h 则成熟。

3）晒干。将制好的面曲晒干、粉碎后即可使用。

2. 红曲的制作

红曲传统工艺生产的曲种采用的是天然培养法。制曲过程中需将曲种制成曲糟，并添加陈醋为辅料。该制作方法占地面积大，操作繁琐，菌种易退化、易染菌，产品产量低、质量差。现很多生产厂家采用纯种制曲和通风制曲，从而改变了红曲生产落后局面。

（1）纯种制曲

1）工艺流程

浸米──→蒸饭──→接种──→入池（或窖）──→摊曲──→翻曲──→浸曲──→后熟──→晒干──→成品

2）操作要点

①制种。采用红曲霉菌株，经四级扩大培养制成种曲。种曲可直接用于生产，不需做成曲糟，生产中以工业醋酸代替陈年米醋。

a. 一级种子。一级种子的培养基为米曲汁 100 mL、可溶性淀粉5 g、蛋白胨 2 g、冰乙酸 0.5 mL、琼脂 3 g、浓度为 95%的乙醇 5 mL。制作时，将上述培养基混溶后，高压灭菌制成斜面，接入红曲霉菌株，置 32～34℃恒温培养 9～13 天，取样镜检，子囊孢子成熟后取出，放入冰箱保存备用。

b. 二级种子。大米浸洗 1 h，捞起沥干，分别装入 500 mL 三角瓶中，每瓶装量约 40 g，塞上棉塞，用蒸汽灭菌。取斜面菌 1 支，将其刮入装有 20 mL 无菌水的三角瓶中，摇匀。上述装有大米的每个三角瓶接该菌液 2 mL，摇匀后置 32～34℃恒温培养 4 天，取出，以无菌操作每瓶添加 5 mL pH 值为 3.5～4.5 的无菌水（用醋酸调节）。此后每天早、中、晚各摇瓶 1 次，9～10 天成熟。40℃下烘干，碾粉备用。

c. 三级种子。取大米 1 kg，浸洗 1 h，捞起沥干，蒸熟，倒入经消毒的盆中搓散饭团，待品温降至 45℃时，接入预先制备好的菌粉液（取菌粉 20 g，调入 30 mL 含有 3%醋酸和 0.2%酒精酵母的溶液中），盖上湿布。置 32～34℃恒温培养 24 h 左右，待米饭布满白色菌点时，取出拌和 1 次，再经 24 h 取出拌和并喷入少量无菌水。此后每天早、中、晚各拌和 1 次，并酌情喷水保持湿度。8～9 天后取出，镜检，子囊孢子成熟者于 40℃下干燥备用，为曲母。

d. 四级种子。称大米 100 kg 于洁净容器内浸洗 1 h，沥干，蒸熟后于消毒后的盆内搓散。冷却至 45℃，接入预先备好的曲母液（灭菌水

4 kg，醋酸 200 mL，曲母粉 400 g，混匀），充分拌匀，装袋，入曲池（或窖）保温培养。18 h 左右品温上升至 45℃时，将袋内米饭倒入曲池翻拌，待品温降至 36℃后集中成堆，待品温升至 42℃时再摊开翻拌。如此循环，使品温保持在 36～42℃。44 h 后米饭表面产生微红色菌丝，此时需浸水。将浸水后的米饭重新入曲池堆成畦形，待米饭表层稍干时摊开培养。此后隔天浸水 1 次，一连 3 次，称头水、次水和完水。每次浸水后，10 h 翻曲 1 次。次水和完水工序也可改用浓度为 7%的米酒喷洒，称次酒和完酒。米饭经 3 次浸水培养后，颜色逐步转红，再继续培养 2 天。此间每天需翻曲 1～2 次，称后熟。8～9 天曲子成熟，取样镜检，出池（窖）晒干，为种曲。每 100 kg 大米可制种曲 40～50 kg。

②制曲。按每 100 kg 大米计，加入曲粉 300～500 kg（夏季少用，冬季多用），工业醋酸 200 mL，洁净水 4 kg。将种曲粉、醋酸和水先混匀，浸泡 24 h 后，再拌入蒸熟摊冷的米饭中。制曲操作过程同上述种曲制法。

（2）机械通风制曲。该工艺是在纯种制曲工艺基础上，将人工翻曲改为机械通风，自动控温，使红曲的生产机械化、自动化，做到不受季节限制，常年均可生产。

1）工艺流程

大米→浸洗→沥干→冷却→接种→堆积升温→通风培养→原池浸水→透心培养→出曲→烘干→成曲

2）机械设备

①曲池。要求池底斜坡成 10°。曲池铺假底，假底表面铺 80 目滤布。

②电动机。要求功率为 2.2 kW，转速为 1 430 r/min。

③风机。要求额定电流为 2.8 A，流量为 1 330～2 450 m^3/h。

④通风管。要求为不锈钢制成，直径 30 cm。

3）操作方法

①蒸料。称大米 500 kg，洗净，浸泡 5 h，沥干，入锅蒸熟，出锅冷却。

②堆积升温。待米饭冷却至 45℃时，接入已制备好的红曲霉菌液，种曲制作同纯种制曲工艺，接种量为 0.2%。充分拌匀后移入曲池堆积升温。18 h 左右品温上升至 50℃时，控温装置发出信号，进行第 1 次翻曲。翻曲后品温下降至 32℃左右，再堆积升温，经 4 h 左右品温上升至

40℃时，控温装置又发出信号，进行第 2 次翻曲。翻曲后将曲料摊平，进行通风培养。

③通风培养。培养期间，当品温上升至 35℃时，风机自动鼓风，品温控制在 35±0.5℃。白天每间隔 3 h 翻曲 1 次，夜间每间隔 6 h 翻曲 1 次。72 h 后，红曲霉充分生长繁殖，菌丝布满整个饭粒表面，集结成较厚的菌落，俗称“上花”。此时，采用原池浸泡法将水灌入池内，浸渍 20 min，放水沥干，将曲料重新堆积升温。待品温升至 40℃时，控温装置发出信号，将曲料翻动摊平。继续培养 15 h，再喷水 1 次；再继续培养 30 h，曲子成熟。在通风培养的全过程中，菌丝充分生长繁殖，逐渐从饭粒表面侵入中心，整批曲料上花均匀，呈鲜红色，用手搓之，红色素透心，镜检时子囊孢子壳破裂，散出的分生孢子较多。

④烘干。将培养成熟的红曲入烘干房 50℃烘干或阳光下晒干，装袋储存。

（3）红曲的质量标准。红曲用肉眼观察时，在红色的米粒表面有一层白粉样的东西，无异味，有红色特有的香味，用手摸感觉柔软。将米粒折断后，可看到红曲霉的菌丝侵入米内，中央有一点白色部分。用手指搓揉时，硬的部分也容易变成鲜红的粉末。

红曲的化学成分如下：淀粉 50%～60%，水分 7%～10%，总氮 2.4%～2.6%，蛋白质 15%～16%，粗脂肪 6%～7%，灰分 0.9%～1%，色度（光密度 OD 值，500 nm）1.6～2.0。

3. 酒类的制作

在此仅选代表性的酒酿和黄酒的生产方法加以介绍。

（1）酒酿的生产

1）制造原理。酒酿卤是腐乳制作的主要卤汤，它是以糯米为原料，经过根霉和酵母中的各种酶的作用，将淀粉分解为糊精、糖类和酒精等物质，成为甜酒酿卤。其特点是糖分高，浓度大，有一定的酒精含量和浓郁的甜香味。酒酿卤是腐乳制作的主要辅料。用酒酿卤酿制腐乳风味好，同时产品成本也低。在江南等地也有自制酒酿的，制法有两种：第一种方法是制甜酒酿，制造时间短，只要保持适当温度，48 h 即可成熟；另一种是弃糟的酒酿卤，发酵期长，一般为 8 天左右，其酒精含量高于上述酒酿。由于各地气候条件不同，生产酒酿的时间也不尽相同。北方气温常年低于南方，生产时间可以延长；南方夏季气温偏高，生产时间相应也较短。

2）工艺流程

糯米⟶浸泡⟶冲洗⟶沥干⟶蒸饭⟶洒水⟶淋饭⟶调温⟶沥饭⟶落缸（或罐）⟶接种⟶拌匀⟶拍饭⟶开潭、发酵⟶控温⟶淋浇⟶化验⟶上榨⟶澄清⟶酒酿

3）操作方法

①浸泡、冲洗米。将一定质量的糯米通过真空泵吸至浸泡贮存桶内，用水浸泡。加水量一般为 1∶3，或加水高于糯米 20～25 cm 即可。浸泡时间一般为 16～24 h。浸泡时间要根据气温而定，在室温较低的天气，最好浸泡 2 天。由于糯米产地不同，米的性质也不同，要注意米性的软硬程度，做到灵活掌握。在糯米浸足时间后，将容器内的湿米用水多次冲洗，把附在米上的黏着物冲洗干净。

②蒸煮。蒸煮时间要根据米的软硬而定。将淘干净的米放在铁制蒸饭容器内，疏松摊平，加盖，进汽蒸饭。在蒸饭中间浇水 1～2 次，以增加水分，使其上下均匀成熟，蒸至米粒熟透即可。要求饭粒疏松、不烂、不黏、无硬心。蒸熟的目的是使淀粉糊化，便于霉菌糖化及酵母作用。

③淋饭及调温。米饭蒸熟后，使米饭迅速冷却收缩，让品温下降至 35℃左右，就必须用冷水淋浇。淋饭是为了冲洗掉饭粒上的黏性物质。若冲洗不干净，饭粒黏性大，对发酵不利，容易产生酸度，使酒酿混浊不清，影响酒酿质量。同时，为了迅速冷却，使饭粒温度下降，淋饭要淋透，在调节品温回浇热水时，要根据落缸（或罐）的温度，调节水温，一般控制在 30～35℃。饭要淋干，如水分过多，发酵时升温太高，容易增加酸度。

④下缸（或罐）拌酒药及发酵。淋干后的米饭温度降到落缸（或罐）品温后，分 3 次倒入缸（或罐）内，酒药用量为每 50 kg 米用酒药 0.15～0.25 kg（酒药必须事先磨成粉末）。酒药要适量撒在饭粒上。在拌药时要上下翻匀，使饭粒粘到酒药。若拌酒药不均匀，酒药多的饭粒上，菌丝生长繁殖快；酒药少的饭粒上，发酵缓慢；没有拌到酒药的饭粒则容易滋生杂菌，对发酵不利，使上下品温不匀，影响质量。待拌药结束后，压紧开潭。

开潭时要上下周围拍紧，防止塌落对降温散热不利。盖上盖后进行保温发酵，控制品温在 30～33℃。温度过低，淀粉分解不尽；温度过

高，淀粉分解过快，增加酸度。在发酵过程中，淀粉转化糖，糖继续发酵生成酒精，排出二氧化碳。一般在 20 h 左右开始出现酿汁，落缸（或罐）36 h 分解力最强，此时产生大量的二氧化碳，缸（或罐）中潭内起泡，这时要进行温度管理。温度管理采取分次浇卤降温的方法，使品温控制在 30～33℃。3～4 天后，酵母菌分解能力逐步减退，酒精发酵增加，酸度也同时增加。每天浇卤 3 次，最高品温不得超过 35℃，前后发酵 8 天。

⑤压榨。酒酿在缸（或罐）内发酵 8 天后，酒酿酵母菌发酵基本结束，同时酒精度达到基本要求，这时可进行压榨。先将缸（或罐）盖全部打开，然后把缸（或罐）内酒酿卤取出一部分，再用勺把缸（或罐）内卤与糟同时取出，放进滤袋中压榨。每 100 kg 糯米出酒 130 kg 左右，出糟 30 kg 左右。在压榨时要注意起初压力不宜太重，在大量压出酒酿卤时再逐步加重。压榨中间要上下翻袋 1 次，以利于榨干，增加出品率。

⑥沉淀。酒酿卤在压榨结束后，装入储存容器中，经 3 天沉淀，使混浊物全部沉下，取清液酒酿卤使用。混浊酒酿卤不能使用，这是因其含淀粉等物质，若带入腐乳中，容易使腐乳变质发酸，同时造成产气，影响腐乳质量。酒酿卤的质量见表 3—2。

表 3—2　　酒酿卤的质量

糖度（°Bé）	酒精含量（%）	总酸度（%）	固形物含量（%）
20 以上	11～12	0.6 以下	25 以上

（2）黄酒的生产。黄酒又称米酒，是酿造酒。

1）工艺流程

浸米⟶冲洗⟶沥干⟶蒸煮⟶喷淋⟶冷却⟶入缸⟶接种拌匀⟶培养糖化⟶兑水⟶发酵⟶压滤⟶化验⟶调整⟶澄清⟶成品

2）操作方法

①浸米与蒸煮。浸米的目的主要是让大米充分吸水，便于淀粉变性。因此，浸米时间应根据季节灵活掌握，春秋季气温在 15～30℃时，浸 8 h左右，冬季气温在 15℃以下，浸 16 h 左右。冲洗主要是清洗掉大米中的一些杂质和粉状类物质，以保证酒质的纯清度。沥干是让浸米的水分和冲洗的水分沥干，以防在蒸煮过程中底层饭粒糊化。蒸煮主要是使大米淀粉适度变性，以利于根霉菌的糖化。因此，蒸熟的米饭必须保持

米饭疏松，表面不黏、不烂、无夹心生饭，米饭的含水量为 55%（±2%）。

②冷却与接种。喷淋主要是在蒸煮过程中让大米继续吸水，蒸煮时使米粒均匀糊化成熟。淋饭是让蒸熟的米饭经过恒温水淋洒，使米饭迅速冷却，调节米饭品温，便于接种。将蒸熟并冷却到标准品温的米饭，按每缸实际数量倒入酿缸中。将酒曲接入米饭中，接种量为 0.60%，并将米饭和酒曲拌匀，中心留一个酿窝，以便观察酿缸的发酵情况。

③糖化与发酵

a. 糖化。从接种开始约 12 h，品温开始上升。24～30 h，酿窝中有酒酿水出现，并有大量酵母菌开始繁殖，这时酒酿上面有一层白色细沫，表示糖化正常。此时品温在 35℃左右。

b. 兑水。前期糖化培养结束后，开始兑水稀释，让酵母菌大量繁殖。兑水量根据酒精含量的要求而定，一般是 100 kg 大米兑 100 kg 水。兑水品温一般冬季为 28～30℃，春秋季为 20℃左右。

c. 发酵。48 h 后开始酒精发酵，此时品温必须控制在 36℃以下，从糖化到酒精发酵的整个酿酒过程需 8～10 天。

④米酒成品。抽取发酵成熟的米酒，用榨床将酒糟压干。对米酒成品进行化验，检测其酒精含量和酸度。米酒的质量标准为：酒精含量 12%～14%，酸度 0.45（用 0.1 mol/L NaOH 滴定的毫升数）以下。根据腐乳产品的需要调整米酒的酒精含量。米酒贮存澄清后即可使用。

学习单元 3　改进配料以改善腐乳产品风味

一、学习目标

通过本单元的学习，能根据不同产品要求改进配料，改善腐乳产品风味。

二、相关知识

花色腐乳又称别味腐乳，是在红、白、青方腐乳基础上发展起来的多品种腐乳，指按产品要求加入不同风味的辅料或调味料等制成的各具特色的腐乳。按加入辅料或调味料的不同，腐乳品种可分为：

食用菌类——蘑菇、香菇、平菇、白菜等；

蔬菜类——大白菜等；

花卉类——玫瑰、桂花等；

水产类——虾子、虾仁、蟹肉等；

动物类——火腿、鸡丝、牛肉等；

其他类——中药、香辛料等。

在实际工作中，应根据要求进行配料的选择、调整与改进。现介绍几种富有特色的腐乳：

1. 火腿腐乳

在腐乳中加入火腿制成的火腿腐乳，香气浓、味道鲜，是深受老年人喜爱的一种腐乳。

2. 白菜腐乳

在腐乳中加入白菜、辣椒等辅料制成的白菜腐乳，不但味道清爽，还有一定的保健功能。这是因为大白菜含有多种维生素、矿物盐和芥子油，而辣椒含有丰富的维生素 C 和辣椒素，有辛辣味，能帮助消化，增进食欲，并有祛湿驱寒的作用。

3. 蘑菇腐乳

在腐乳中加入蘑菇制成的蘑菇腐乳，既能增加腐乳的鲜味，又能使食用者增强机体抵抗力。这是因为蘑菇中除含有氨基酸、蛋白质之外，还含有多糖及多肽类抗癌物质，对抗癌细胞有一定的抑制作用。

三、操作技能

1. 动物类别味腐乳——火腿腐乳

（1）制作工艺的独特要求。一定要选用色泽正常、块形一致、质地细腻、滋味鲜美的红腐乳为基础，同时选用正宗的金华小个火腿和福建粽箬，这样才符合制作火腿腐乳的质量要求。

（2）操作要点

1）选块。选用经 6 个月自然发酵的红腐乳，置于洁净的盘中。对红腐乳的质量要求是：块形整齐，厚度基本一致，色泽红亮，细腻度较好。

2）选料。选用小个金华火腿、绍兴 5 年陈黄酒及清香气浓郁的福建粽箬。

3）火腿加工。将火腿的皮、骨、油全部剔除，选择红亮的全精肉切片或轧碎，置于黄酒锅内蒸煮，蒸熟后加入各种配料，供制作火腿腐乳用。

4）选箬。将每片粽箬选过，挑选完整、无霉、无蛀、无破的青绿色粽箬，清洗干净后，加工为 6 cm×12 cm 的规格，理齐扎成小捆，放入锅内蒸煮消毒 30 min，冷却置于白酒内备用。

5）装瓶发酵。将选择过的标准腐乳置于箬中，在腐乳表面加火腿肉片或火腿细末适量，然后用箬包好，用棉线按十字形扎好，置于瓶内。瓶内加入预先制好的卤汤，盖好瓶盖，陈酿半个月即可出售。

2. 蔬菜类别味腐乳——白菜腐乳

白菜腐乳兼有腐乳和咸菜的风味。白菜腐乳是以腌制白菜叶包裹腐乳坯，用辣豆瓣腌渍发酵而成。其工艺如下：

（1）原料

1）大豆。大豆蛋白质含量高，可溶性蛋白质多，干燥，颗粒均匀，皮薄有光泽，无霉烂变质，含泥沙杂质少。

2）大白菜。大白菜经腌制后用来包裹腐乳坯。要选择新鲜、无腐烂、无虫蛀的大白菜。

3）蚕豆。蚕豆富含蛋白质和淀粉，酿制成辣豆瓣用来腌渍腐乳坯。要选择颗粒饱满、成分成熟、无虫蛀、杂质少的蚕豆。

4）辣椒。采用新鲜辣椒和干红辣椒粉。

5）食盐。使用纯净、含杂质少的食盐。

6）盐卤。盐卤配制成 20°Bé 左右的浓度使用。

7）水。要使用含矿物质及有机物质少的清洁饮用水。

（2）工艺流程

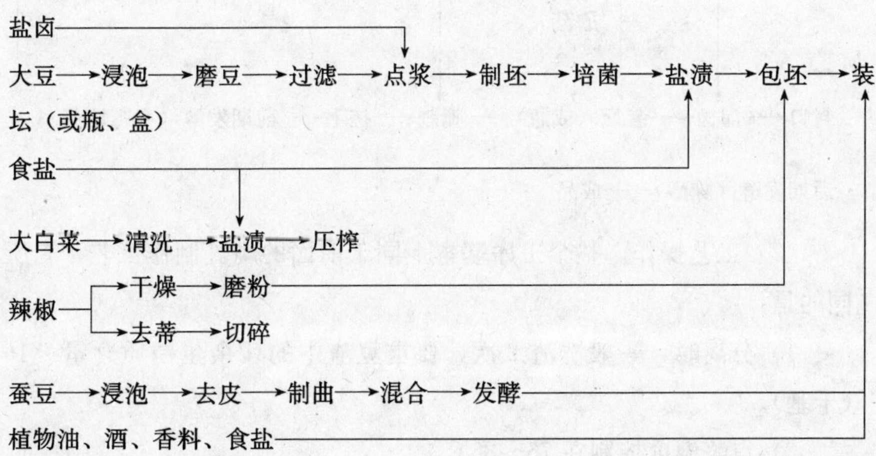

(3) 工艺操作。从大豆原料至腌坯基本上同于前面的腐乳制作工艺，有所不同的是：磨豆时，豆∶水=1∶6左右；点浆温度不低于75℃，用20°Bé的盐卤点浆；腌坯时，用盐量为腐乳质量的15%，腌渍时间为5~7天。

1）咸白菜制备。大白菜用水洗净，晾干表面水分。将每棵大白菜分割为二，入缸（或罐）中，加盐10%，上压重物。食盐溶化后，将大白菜压榨，去除多余盐水，并剥去菜心、菜头，留叶备用。

2）包坯。红辣椒干燥，并粉碎为末，盛入盘中。将腌好的腐乳坯在盛辣椒末的盘中滚动，使其均匀地沾上一层辣椒末。每100块腐乳约用辣椒末250 g。用咸白菜叶将沾好辣椒粉的腐乳坯包好。每100块腐乳坯约用10 kg鲜白菜制成的咸白菜。

3）装坛（或瓶、盒）发酵。于容器底铺辣豆瓣一层，厚约3 cm，将包好的腐乳坯放入容器中，每放一层加一层辣豆瓣，装入容器至八成满，每100块腐乳坯约用辣豆瓣3 kg。坛口要封严。常温贮存发酵，6个月即可成熟。

3. 食用菌类别味腐乳——蘑菇腐乳

(1) 工艺流程

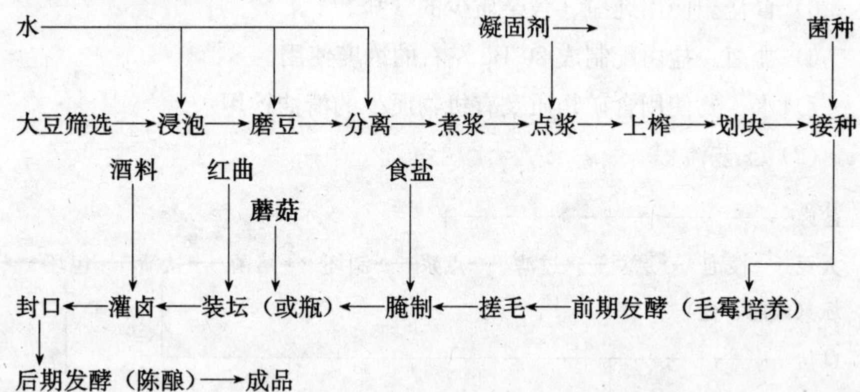

(2) 工艺操作。整个工序基本上同于前面的腐乳制作工艺，有所不同的是：

1）分离时，一般洗渣2次，要求豆渣中的残余蛋白质含量≤16%（干基）。

2）点浆温度控制在75~85℃。

3）上榨水分控制在71%~73%。

4）腌坯时，500 g毛坯用盐100 g，腌8天，盐坯的含盐量应控制在16%～17%。

5）鲜蘑菇处理

①切片。鲜蘑菇去掉根蒂后，放入清水里洗净，沥干水分，切成片状，要求厚薄均匀。

②蒸熟。将片状蘑菇摊平在蒸锅内，蒸熟即可。

③浸渍。把已蒸熟的蘑菇片置于酒精含量为50%的白酒中待用。

（3）化学成分。蘑菇腐乳经6～8个月发酵成熟后，其鲜味较好，各种氨基酸含量见表3—3。

表3—3　　蘑菇腐乳各种氨基酸含量　　%

名称	含量	名称	含量
天冬氨酸	0.21	亮氨酸	0.11
苏氨酸	0.056	酪氨酸	0.69
丝氨酸	0.085	苯丙氨酸	0.15
谷氨酸	0.70	r一氨基丁酸	—
脯氨酸	0.13	组氨酸	0.031
甘氨酸	0.05	色氨酸	0.022
丙氨酸	0.10	赖氨酸	0.074
胱氨酸	—	氨	—
缬氨酸	0.069	精氨酸	0.014
蛋氨酸	0.046	—	—
异亮氨酸	0.075	总氨基酸	1.99

4. 香辛料类别味腐乳——克东腐乳

克东腐乳是用小球菌发酵的腐乳，其特点是质地柔软、色泽鲜艳、味道芳香、后味绵长，食之能增进食欲。它是由黑龙江省克东县克东豆腐乳厂生产，其风味独具一格，享有较高的声誉。

（1）工艺流程

红曲、面黄、白酒、中药 ↓

加工豆腐→蒸腌切洗→前期发酵→干燥→配料→装坛封罐→后期发酵→成品

（2）用料数量与配比。以1 000 kg腐乳计算，其配比如下：

1）主料。大豆 770 kg。

2）辅料。食盐 160 kg、白酒 105 kg、面粉 65 kg、红曲 14 kg、中药 1 kg（粉状中药包括：白芷 4.4 g、砂仁 2.5 g、良姜 4.4 g、白蔻 2 g、公丁香 4.4 g、母丁香 4.4 g、贡桂 0.6 g、管木 0.6 g、三奈 3.9 g、紫蔻 2 g、肉蔻 2 g、甘草 2 g 和陈皮 0.6 g 等）。

（3）加工要点。克东腐乳的加工特点是采用低盐高温和小球菌发酵。先将豆腐坯用 6.5% 的盐水腌制 48 h，切洗后接入嗜盐性小球菌发酵。经过 7～8 天前期发酵后，豆腐坯表面长满一层菌膜，再进行烘干，其水分控制在 45% 左右，外面还固定了一层深红色的小球菌。然后把它装入坛内，加入上述的辅料封坛后进行后期发酵为成品。

（4）理化指标。克东腐乳理化指标见表 3—4。

表 3—4　　克东腐乳理化指标　　%

水分	蛋白质	氨基酸态氮	总糖	脂肪	食盐	灰分
55.20	15.33	0.82	5.04	12.24	9.92	11.26

（5）特点。克东腐乳色泽清淡，外包一薄层絮状长毛菌丝，质地柔软但块形完整不碎，口味细腻，后味绵长，虽有一般独特的硫化合物的气味，但能增进食欲和帮助消化。

四、注意事项

1. 在腐乳制作过程中，配料的选择要根据生产实际和工艺的要求，不可盲目地添加。

2. 在制作各种配料的腐乳时，要严格按照工艺要求和食品安全卫生要求进行生产，防止产品质量问题的发生。

第二节　非发酵性豆制品半成品检验

学习单元 1　非发酵性豆制品半成品质量控制

一、学习目标

通过本单元的学习，了解非发酵性豆制品半成品生产过程中质量控制的要求，能够按照要求在生产过程中对非发酵性豆制品半成品质量进行控制。

二、相关知识

1. 卤煮熏类半成品白坯

(1) 工艺流程

豆浆⟶熟浆再滤⟶点浆凝固⟶蹲脑⟶开缸⟶沉淀凝集⟶排黄浆水⟶上板⟶压制成型⟶切制⟶称重⟶通风降温⟶进入再加工工序

(2) 白坯半成品工艺要求。白坯半成品工艺主要有七个环节：一是热点浆控制，二是蹲脑时间控制，三是开缸程度控制，四是排黄浆水量控制，五是上板压制成型，六是切制，七是称重及通风降温。

1) 热点浆控制。白货类产品的半成品，点浆的工艺要求是实行高温点浆，点浆温度要求在80℃以上，豆浆浓度在8～9°Bé。一般不要求加凉水。

2) 蹲脑时间控制。蹲脑时间要求在前面的章节中已有过重点的论述，在此不作详细介绍。

3) 开缸程度控制。开缸程度要根据不同产品的要求而定。半成品厚度在5 mm以下的坯子，开缸力度要小，旋转的次数在4～6圈，开缸的位置在容器的上半部，以整体的2/3豆脑随之转动为宜；半成品厚度要求在10 mm以下的坯子，开缸的力度要比薄坯子的力度加大一点，旋转的次数在6～8圈，上半部豆脑缓缓带动下半部豆脑移动，开缸的程度以表面豆脑破碎的程度为依据，黄浆水明显析出；在制作肝尖或熏干的半成品坯子时，要求在25～30 mm的厚度，开缸的力度就相对比较大，可将脱水用的竹拍子插入到容器中摆动，使整体豆脑缓慢地上下移动，黄浆水出现较大的析出，摆动的次数在5～7次左右。

开缸是质量标准的关键点，直接影响到半成品的内部结构。切制成型后的半成品坯子应该是柔软、有劲、弹性好，薄坯子对折不裂不断，开缸的轻重程度将起到关键的作用。

4) 排黄浆水量控制。豆脑开缸之后，部分黄浆水浮出，上板之前要将一部分黄浆水排出，黄浆水的排出量要根据产品品种含水量和硬度确定，黄浆水排出也为下一工序上板创造条件。产品水分含量高的少排，产品水分含量低的适当多排一些，但是不能排过头。黄浆水排量是靠操作经验，只有在实践中不断总结提高，才能做到恰到好处。

5）上板压制成型。上板是根据生产产品的厚度要求，将豆脑移到规定模具中压制脱水。上板的要求是：一是豆脑的数量偏差不能过大，否则会导致半成品的薄厚不均；二是要把模具的四个边角用豆脑充填满，不得出现糟边糟角的现象；三是每次豆脑从点浆容器中转移到模具里的过程中，要轻舀轻放，减少掉撒的浪费。

压制工序是成型过程中的一个重要工序，脱水的压力必须遵守循序渐进的原则，从上板预成型到加压脱水，中间要有一个倒板的工序，自下而上倒板，使得压制程度一致。

初压阶段时，施压现象应是豆包布的四个边有明显的黄浆水较快排出。初压时的压力保持在 0.1～0.15 MPa，时间一般掌握在 2 min 左右。

中压阶段是指大部分黄浆水被挤出之后的继续脱水阶段，这一段的压力可以保持在 0.15～0.2 MPa，时间一般掌握在 6 min 左右。

重压阶段被挤出的黄浆水数量很小，这一段的压力可以保持在 0.25～0.3 MPa，时间一般掌握在 3 min 左右。由于所生产的品种不同，压力和时间会有较大的差异。

6）切制。切制成型是指按照产品的块形尺寸，将脱水后的整板半成品坯子切制成具体的长方体、正方体、菱形、圆形、三角形、椭圆形等不同规格的几何形状。现在多数生产厂家采用半成品切制机，生产效率高，产品块形规格一致。

7）称重及通风降温。切制后得到的半成品，要按照标准质量放在专用周转箱内，为再加工提供标准半成品，这时要求称重准确，块形松散，便于通风。称重后的半成品，要搬运到通风良好的环境存放，并挂标志牌便于下一工序取用。

（3）半成品白坯标准。切制成型后的半成品坯子应该是柔软、有劲、弹性好，薄坯子对折不裂不断，厚坯子略软但不碎不糟，用手施压检验时，坯子断面能观察到有水析出。半成品坯子的断面不能出现糟、麻、汤心、蜂窝现象，四边薄厚一致，内部结构软硬适度。半成品坯子的产出率达到原料的 1.5 倍以上。

2. 油炸类半成品白坯质量标准

油炸类半成品和白坯半成品的主要区别是：油炸类半成品点浆采取冷点浆，含水量高于白坯半成品，其余工序与白坯半成品一致。

（1）油炸类半成品白坯工艺流程。油炸类半成品的工艺流程与白坯类半成品的工艺流程基本一样，区别只有在点浆、压制工序两点上：一是必须执行冷温点浆，二是脱水的加压力度明显减小。

（2）油炸类半成品白坯工艺要求

1）冷点浆控制。执行低温点浆是为了保证半成品坯子在炸制过程中，增加网状结构中的膨胀空间，使得组织结构中呈现出蜂窝状和空心状。

2）压制成型要求。压力脱水的全过程，只执行初压阶段和中压阶段，保留半成品坯子中的含水点，准许有蜂窝存在。坯子略软但不碎不糟，用手施压检验时，坯子断面能观察到有水析出。

3）切制要求。切制前脱豆包布时坯子不碎，切制成型后不沾不坨。

（3）油炸类半成品白坯标准。油炸类半成品坯子要求薄坯子略软但不碎不糟，用手施压检验时，坯子断面能观察到有水析出。半成品坯子四边薄厚一致，内部结构软硬适度，准许有蜂窝存在。半成品坯子的产出率达到原料的1.5倍以上。

学习单元2 非发酵性豆制品半成品质量检验方法

一、学习目标

通过本单元的学习，了解非发酵性豆制品半成品检验内容和方法，能够对非发酵性豆制品半成品进行准确检验。

二、相关知识

半成品检验是在生产过程中的阶段性质量检验，是企业根据豆制品生产特点自行安排的内部检验。

1. 半成品质量检验的目的

（1）工业化生产质量控制的需要。传统产品实现工业化生产，要求产品的质量控制采取过程控制的方法，对不可逆加工工序之前的环节加强品质检验。豆制品生产有四个工序阶段，第一原料清理，第二制浆，第三半成品加工，第四再加工（精加工）。如果不合格的半成品进入精加工阶段，生产的成品很难达到标准，而且很难再作调整，这会给企业造成经济损失。在工业化的大批量生产中，特别规定对半成品要进行检验。

(2) 有利于实施纠正措施，减少损失。生产中半成品如果出现不合格，比较容易采取纠正措施，半成品检验是一边生产一边检验，发现不合格产品可以迅速采取工艺和操作上的纠正措施，对已经生产的不合格产品还可以采取调整措施，制作其他产品或返回加工，这样既可以保证产品的质量，又能够减少企业的经济损失。

(3) 有利于生产核算和劳动管理。豆制品生产有些产品不是当班完成成品的，是以半成品的状态留给下一班加工完成。本班要进行生产核算，就必须对半成品进行计量统计，以半成品数量进行部分产品的核算。有些企业对生产半成品采用计件工资，也需要对半成品进行质量、数量的考核，所以，半成品检验也同时满足了生产核算和劳动管理的需要。

2. 半成品质量检验内容及要求

半成品质量检验的内容包括外观检验，组织结构检验，试验性检验，定量称重检验，搬运、通风降温、码放检验。

(1) 外观检验。制作豆制品，绝大部分都要将半成品切成块、片状，切制工序有手工切制和机械切制，不论采用什么方式都要求规格一致，块形整齐不破碎。如果半成品白坯有10%以上的破碎，即为不合格产品，就要采取纠正措施，返回重新加工。

(2) 组织结构检验。不同的产品对半成品的组织结构有不同的要求，例如制作豆干类的半成品采用热点浆，压制成型后的半成品组织结构密实，韧性强。制作油炸类半成品采用冷点浆，压制成型的半成品组织结构细腻，含水量略高于豆干类，但是韧性略低于豆干类。制作油炸干制品类的半成品，含水量低，硬度高，半成品白坯对折不断。

(3) 试验性检验。这种检验主要用于油炸类半成品白坯，取几块白坯放入油锅内，观看是否能炸得起，炸制品内部的蜂窝状是否正常。如果出现“死膛”“焦边”就属于不合格半成品，必须调整改作他用，不能再作炸制半成品。

(4) 定量称重检验。制作豆制品在调味精加工时，一定量的半成品白坯应加入固定量的调味料，严格按配方生产。半成品的定量称重是为下一工序做好准备。定量称重的同时进行记录统计，为生产核算和劳动计件提供依据。

(5) 搬运、通风降温、码放检验。半成品检验后一部分搬运到下一工序继续加工，另一部分搬运到半成品专用存放场所暂时存放。不论在什么地方存放，半成品都必须要通风降温，以保证半成品的质量，特别是夏季，如果不注意对半成品通风降温，就会使半成品变质不能再使用。同时，半成品的码放要为通风创造条件，并对码放的半成品挂标志牌，标明半成品名称、数量、加工日期、责任人等。

三、操作技能

半成品检验因为是在生产中进行，检验频率高，数量大。检验的方法很少用仪器检验的方法，一般都是由有经验的质检员采用感官检验的方法。

1. 观察

对半成品外观形状采用直接观察的方法；对其组织结构可以从切开的刀口观察断面的性状，如果刀口不光亮、麻面或者出现大的蜂窝则为不合格半成品。

2. 手试

对豆干类半成品可以用手将其对折，如果不断则为优质品，如果刚折即断则为不合格品，如果折后慢断则为合格品。对于油炸类半成品和熏制品，因其厚度超过 10 mm，则采用两手指捏，用力一捏即碎或松手不能恢复原状则为不合格品，如表皮出现裂纹，松手可以恢复原状则为合格品。

3. 试品

对于炸制品，可以直接放到规定油温的锅内试验，试品炸得起，不焦边，内部为均匀蜂窝状，不吸油，用手攥基本无油滴则为合格品。

第四章 发酵性豆制品成品加工

第一节 成品鉴别

发酵性豆制品的成品鉴别除感官鉴别外，主要通过理化、卫生检验来实现，从而确保成品的质量。

学习单元1 发酵性豆制品理化检验

一、学习目标

通过本单元的学习，掌握发酵性豆制品理化检验的指标。

二、相关知识

理化指标的鉴别主要是氨基酸态氮、还原糖、蛋白质以及水分等的测定。

1. 氨基酸态氮的测定

氨基酸态氮是成品腐乳理化检验的重要指标之一，测定时采用甲醛法。

(1) 原理。利用氨基酸的两性作用，加入甲醛以固定氨基的碱性，使羧基显示出酸性，用氢氧化钠标准溶液滴定后定量，以酸度计测定终点。

(2) 分析步骤

1) 样品处理。称样煮沸，冷却定容，过滤，滤液备用，吸取一定量的溶液置于烧杯中。

2) 操作要点。将烧杯放在磁力搅拌器上，用一定当量的氢氧化钠标准溶液滴定至酸度计所示 pH 值为 8.2，记下消耗氢氧化钠标准溶液的毫升数；加入所需甲醛溶液混匀，再用氢氧化钠标准溶液继续滴定至 pH 值为 9.2，记下消耗氢氧化钠标准溶液的毫升数。同时作空白试验。

2. 还原糖的测定

按国家标准《食品中还原糖的测定》(GB/T 5009.7—2003)，采用直接滴定法。其原理是：样品经除去蛋白质后，在加热条件下，直接滴定标定过的碱性酒石酸铜液，以次甲基蓝作指示剂，根据样品液消耗体积，计算还原糖量。

3. 蛋白质的测定

按国家标准《食品中蛋白质的测定》(GB/T 5009.5—2003)，采用凯氏定氮法。

(1) 原理。蛋白质是含氮的有机化合物。食品与硫酸和催化剂一同加热消化，使蛋白质分解，分解的氨与硫酸结合生成硫酸铵。然后，碱化蒸馏使氨游离，用硼酸吸收后，再以硫酸或盐酸标准溶液滴定，根据硫酸的消耗量乘以换算系数即为蛋白质的含量。

(2) 操作方法。精确称取经研磨均匀的腐乳样品 1.5 g 左右，放入干燥的 500 mL 凯氏烧瓶中，然后进行消化、蒸馏、滴定和计算，取得测定结果。

4. 水分的测定

按国家标准《食品中水分的测定》(GB/T 5009.3—2003)，采用直接干燥法。

(1) 原理。食品中水分一般是指在 100℃左右直接干燥的情况下，所失去物质的总量。直接干燥法适用于在 95～105℃下，不含或含其他挥发性物质甚微的食品。

(2) 操作方法。精确称取经研磨成糊状的样品 5～10 g，置于已知恒重的蒸发皿中，均匀摊平后，在 100～105℃电热干燥箱内干燥 4 h，取出，置于干燥器内冷却至室温后称重，并再次烘 0.5 h，直至恒重为止。

三、操作技能

1. 取样要求

(1) 腐乳产品属固体物质，采样时在每批产品的上、中、下三层，中心和边部随机抽取样品。

(2) 对抽取的样品进行理化检验。

2. 样品处理

采取的样品，需经切碎、研磨、混合均匀后方可称取，然后再测定其检验的内容。

3. 影响分析数据准确性的因素

食品理化检验存在着一定的误差，这是受实验环境、容器和仪器设备、水和试剂的沾污以及人自身因素的影响，它们是检验中的主要污染源和误差源，为此，在作数据分析、测定过程中，一定要严谨仔细、洁净卫生、仪器精确，这样才能保证数据分析的精确。

(1) 实验室环境。是指实验室内的温度、湿度、气压、空气中的悬浮微粒的含量，以及污染气体成分等参数的总括。其中，有些参数影响仪器的性能，从而对测定结果产生影响；有些参数则改变了实验条件，直接影响被测样品的分析结果；有时这两种影响兼而有之。例如，温度过高，可能使电子仪器性能变差，甚至不能正常工作；空气中的悬浮微粒产生静电荷，处理样品或贮存样品的一些器皿极易吸附带电微粒，引起样品污染。

(2) 水和试剂。水的纯度直接影响分析结果，因此，检验用的水为蒸馏过的纯水。从取样、样品处理，直到进行测定都离不开化学试剂，它在检验中有着极其重要的作用。要求配制标准样品的试剂纯度要高，否则可造成分析结果的偏差。

(3) 容器和仪器设备。检验工作应根据被测样品的性质及被测物质的含量选用合适的容器。检验前后必须辅以适当的清洗消毒，这样才能保证检验结果的正确性。

在检验中，如何对仪器、设备进行检定、校验，是保证所用仪器、设备的量值准确可靠、性能完好、提高检验质量的重要方面。使用仪器、设备要定期校准，属于强检的一定要按时强检，同时正确使用所用仪器、设备，并按正确的方法维护保养，是获得准确的测定结果的关键步骤。

学习单元 2　发酵性豆制品卫生检验

一、学习目标

通过本单元的学习，掌握发酵性豆制品卫生检验的指标。

二、相关知识

卫生指标的鉴别主要是砷、铅、黄曲霉毒素 B_1、大肠菌群、致病菌等的测定。对腐乳的卫生问题所做的检验项目包括可能造成食品危害的三个方面：生物性危害——细菌（主要是大肠杆菌、致病菌等）；化学性危害——黄曲霉毒素 B_1、砷、铅等；物理性危害——腐乳中存在的可见物质。物理性危害可通过感官检验，完全可以避免，生物性危害和化学性危害则必须通过理化卫生检验才能确定。只要腐乳生产厂家严格按《食品卫生法》及 HACCP 要求进行生产，经过对腐乳产品的卫生检验，消费者才可放心食用。

1. 生物性危害的鉴别

生物性危害的鉴别主要是大肠杆菌的测定。大肠杆菌是指一群能发酵乳糖、产酸、产气、需氧和兼性厌氧的革兰氏阴性无芽孢杆菌。该菌主要来源于人畜粪便，故以此作为粪便污染指标来评价食品的卫生质量，具有广泛的卫生学意义。食品中的大肠杆菌群数是以每 100 mL（g）检样内大肠杆菌群最可能数（MPN）表示。

2. 化学性危害的鉴别

（1）黄曲霉毒素 B_1 的测定。黄曲霉毒素是由黄曲霉和寄生曲霉产生的一类代谢产物，具有极强的毒性和致癌性，主要诱发肝癌。其测定按国家标准《食品中黄曲霉毒素 B_1 的测定》（GB/T 5009.22—2003），采用薄层色谱法。其原理是：样品中黄曲霉毒素 B_1 经提取、浓缩、薄层分离后，在波长 365 mm 紫外光下产生蓝紫色荧光，根据其在薄层上显示荧光的最低检出量来测定含量。

（2）砷的测定。元素砷在自然环境中极少，因其不溶于水，故无毒，但极易氧化为剧毒的三氧化二砷（即砒霜）。砷的化合物在自然环境中广泛存在，对食品的污染主要是含砷农药的使用。

砷的测定按国家标准《食品中总砷及无机砷的测定》

(GB/T 5009.11—2003)，采用银盐法。其原理是：试样经消化后，以碘化钾、氯化锡将高价砷还原为三价砷，然后与锌粒与酸产生的新生态氢生成砷化氢，经银盐溶液吸收后，形成红色胶态物，与标准系列比较定量。

(3) 铅的测定。铅是一种有代表性的重金属，它还是一种具有蓄积性、多亲和性的毒物，对人体各组织都有毒性作用，主要损害神经系统、造血系统、消化系统、免疫系统和肾脏。铅的污染范围很广，通过控制在饮食中铅的摄入量，减少其对人体的危害。

铅的测定是按国家标准《食品中铅的测定》(GB/T 5009.12—2003)，采用双硫腙比色法。其原理是：样品经消化后，在 pH 值为 8.5～9.0 时，铅离子与二硫腙生成红色络合物，溶于三氯甲烷。加入柠檬酸铵、氰化钾和盐酸羟胺等，防止铁、铜、锌等离子的干扰，与标准系列比较定量。

第二节　产品制作

学习单元 1　发酵性豆制品制作

一、学习目标

通过本单元的学习，了解发酵性豆制品生产过程中物理、化学变化原理，能够独立制作色、香、味、形俱佳，各项理化指标合格的发酵性产品。

二、相关知识

用大豆酿制腐乳的过程主要是蛋白质变化的过程，这种变化主要是靠物理化学和生物化学变化来完成的。物理化学过程主要是浸豆、磨豆、滤浆、煮浆、点浆、上榨、压榨、划块成型等。生物化学过程主要是将白坯培养成为毛坯，称前期培菌（发酵），在此期间分泌各种酶系，主要是蛋白酶。然后腌制并配入各种辅料（红曲、面曲、酒酿等）进行后期发酵。按其生产工序可分为制豆腐坯（又称白坯）、前期培菌（发酵）及后期发酵三个阶段。

1. 制豆腐坯

以大豆或脱脂的大豆饼粕为原料制作豆腐，其变化过程主要表现在蛋白质的变化方面。在泡豆阶段，蛋白质分子发生有限溶胀作用，部分蛋白体因膨胀而破裂。在磨豆过程中，蛋白质被溶解，形成具有一定的热力学和动力学稳定性的胶体分散体系，即生豆浆乳状液。

豆浆加热时蛋白质热变性，溶解度下降。另外，有小部分蛋白质发生水解，故生豆浆煮沸后，pH 值下降。因此，加小苏打将豆浆的 pH 值调整到 7.5 左右，有助于蛋白质的溶出和胶体溶液的稳定，抑制蛋白质的水解，提高豆浆中蛋白质的凝固率，增加豆腐产量。

同时，钠离子增加了热变性后蛋白质的溶解度，使其能以较小的粒子均匀地分布。在点浆过程中，通过钠离子对钙离子、镁离子的阻抗作用，使钙和镁与蛋白质的桥联作用更充分，从而提高了蛋白质的凝固率和利用率。

大豆蛋白质的充分热变性，是制作豆腐的必要条件。未变性的蛋白不可能形成凝胶，假沸（一般在 94℃左右)。此时的大豆蛋白质热变性很不充分，虽然也能制成豆腐，但产量和口味都将受到影响。但蛋白质过度热变性会失去或部分失去持水性。

闷浆（即熟豆浆的静置冷却）过程有助于蛋白质多肽链的舒展，使球蛋白的疏水性基团充分暴露到分子表面，疏水性基团倾向于形成牢固的网状结构。同时，加热还能促进二硫键的形成或交换，进一步强化蛋白质分子间的网状结构，有利于形成热不可逆凝胶。

温度和蛋白质浓度对网状结构的形成也有一定的影响，胶凝作用及蛋白质分子之间的相互吸引，容易在较高的温度下发生。豆浆浓度大，能形成比较均匀细密的网状组织结构，从而提高了豆腐的持水性，所以嫩豆腐含水量较多。产生胶凝作用的 pH 值一般随蛋白质浓度的增加而增大，豆腐制作时 pH 值一般在 6.0～7.5。

电解质可促进蛋白质凝胶的形成。用熟石膏（$CaSO_4 \cdot 1/2H_2O$)、盐卤作胶凝剂制作豆腐时，Ca^{2+} 和 Mg^{2+} 置换蛋白质分子中的 H^+ 或其钠盐中的 Na^+，将肽链通过静电相互作用桥联起来，加快了蛋白质胶凝速度，增加网状结构的稳定性，增强凝胶体的强度和硬度。相同的金属离子、不同酸根的盐类作胶凝剂制成的豆腐，在持水性和硬度等方面有较大的差异，用硫酸盐作胶凝剂，能生产出含水量比较高的豆腐。

熟豆浆的 pH 值一般在 7.0～7.5，蛋白质以负离子态存在。豆浆中酸解离成 H^+ 和酸根离子，蛋白质易俘获氢离子而呈电中性。此时蛋白质的胶凝作用主要由氢键、二硫键、疏水集团相互作用以及偶极相互作用等，将多肽链连接起来，这种网状结构较桥联结构弱。与用钙盐或镁盐作胶凝剂的豆腐相比，其强度和硬度较差，缺乏弹性和韧性，容易碎散，口味和口感也不及。

点浆温度对豆腐的持水性和强度有一定的影响。较高的温度有利于钙桥或镁桥的形成，稍低的温度有助于氢键的形成。在 85℃以上点浆时，豆腐的硬度强而持水性较差；低于 60℃，即使勉强制成豆腐，其质地也极差，易碎散。正常的点浆温度，一般控制在 70～85℃。

2. 前期培菌

1）毛霉生长变化过程。在酿造腐乳过程中，毛霉培养分三个步骤：首先是在无菌室内进行试管移植，在 29～31℃培养 72 h（即第二代）。其次是以麸皮或大米为培养基，进行克氏瓶接种培养，一般在 28～30℃下培养 3 天（即第三代），也称扩大培养。克氏瓶内菌种的质量要求是：菌丝饱满、粗壮有力、有浓厚的曲香气，瓶底板无花斑点（杂菌）。最后是前期培菌，以豆腐坯为培养基，将克氏瓶中菌种均匀接种于豆腐坯表面。在培养过程中，要求相对湿度控制在 94%～96%。这样既有利于毛霉生长繁殖，又能保持菌丝白嫩，还能延长产酶期。

前期培菌阶段，毛霉的生长大致分为孢子发芽生长期、菌丝生长旺盛期和菌丝产酶期。在菌丝生长前期，坯中蛋白质已开始被酶水解，水溶性蛋白质增多。前期发酵的作用有两点：一是使坯表面有一层菌膜包住，形成腐乳的形状；二是使毛霉分泌大量蛋白酶，以利于蛋白质水解。在蛋白质水解过程中需要多种酶系，主要是内肽酶和外肽酶的协同作用。

经过前期培菌后，豆腐坯的含水量由原来的 73%下降到 64%，毛坯块形变小，坯身变硬，毛坯中的氨基酸含量达 0.08%～0.14%。

2）发酵机理。腐乳发酵分为前期培菌（发酵）和后期发酵。前期培菌主要是培养菌系，后期发酵主要是酶系与微生物协同参与生化反应的过程。

腌制的目的是使毛坯渗透盐分，析出水分，坯身收缩，坯体变硬。

咸坯入坛后加酒的目的是：利用酒精抑制微生物的生长繁殖，防止霉变；利用酒精对蛋白酶的抑制作用，使蛋白酶作用缓慢，促进其他生化反应，生成腐乳的香气；酒精能合成酯类等芳香物质，形成腐乳独特的风味。

脂肪酶将脂肪水解为甘油及脂肪酸，甘油可被细菌进一步转化为各种有机酸。

3. 后期发酵

腐乳色、香、味、体的形成机理如下。

1）色。按添加配料的不同，腐乳可分为红腐乳、白腐乳、青腐乳和酱腐乳。红腐乳表面呈紫红色；白腐乳表内颜色一致，呈黄白色或金黄色；青腐乳呈豆青色或灰青色；酱腐乳内外颜色相同，呈棕褐色。

腐乳的颜色由两方面的因素形成：一是由于在腐乳的生产过程中，添加的辅料决定了成品的颜色。比如，红腐乳在生产过程中要添加红曲，由于红曲中的红曲红色素不溶于水，而溶于乙醇及醋酸中，在腐乳后期发酵的汤料中，酒精浓度较低，致使红曲红色素在汤料中的溶解度并不大，因此，溶在汤料中红色只能使腐乳的表面染上红色，而红腐乳的内部则是杏色或橘黄色。酱腐乳在生产过程中添加了大量的酱曲或酱类，其成品不但酱香味、甜味浓厚，成品的颜色由于酱类的影响，也变成了棕褐色。

除人为添加的辅料影响着腐乳成品的颜色外，发酵作用也会使腐乳的颜色有较大的改变。这是因为作为腐乳原料的大豆中含有一种可溶于水的黄酮类色素，在磨浆时，黄酮类色素便会溶于水中，在点浆使蛋白质凝结过程中，小部分黄酮类色素和水分一起被包围在蛋白质凝胶内。在腐乳后期发酵较长的时间里，在毛霉（或根霉）及细菌的氧化酶催化下，黄酮类色素逐渐被氧化，使得发酵成熟的白腐乳呈黄白色或金黄色。毛霉的氧化酶随着毛霉生长时间逐渐积累，生长时间越长，氧化酶越多。生产实际证明，如果要使成熟的腐乳具有金黄色，应在前期发酵阶段让毛霉（或根霉）老熟一些。

当腐乳离开汤液时会逐渐变黑，这是毛霉（或根霉）中的酪氨酸酶催化空气中的氧分子氧化酪氨酸，使其聚合成黑色素的结果。为防止白腐乳变黑，腐乳应尽量避免离开汤液而暴露于空气中。有的腐乳厂家常在后发酵时用纸盖在腐乳表面，让腐乳汁液浸没腐乳表面，后发酵成熟时将纸取出，添加封面食用油脂，以防腐乳变黑。

2）香。腐乳的香气主要是在后期发酵阶段产生的。香气的形成主要有两个途径：一是生产中所添加的辅料对风味的影响很大，二是由参与发酵的微生物的协同作用形成的。虽然腐乳发酵主要是靠毛霉（或根霉）的蛋白酶（红腐乳还有米曲霉及红曲霉的蛋白酶及淀粉酶）作用，但同时参与腐乳发酵的微生物十分复杂，如霉菌、细菌、酵母菌产生复杂的酶系统，它们的协同作用形成了多种醇类、有机酸、酯类、酮类等，它们与添加的辅料一起构成了腐乳的特殊香气。

3）味。腐乳的味道也是在后期发酵阶段产生的。其形成主要来自于两个渠道：一是生产添加的辅料，如食盐、食糖、辣椒、香辛料等，对腐乳味道的产生有很大影响，形成腐乳各自特有的咸香、甜香、辣香等；二是由参加发酵的微生物协同作用形成的。腐乳的鲜味主要来源于氨基酸和核酸类物质的钠盐。氨基酸主要由腐乳坯的蛋白质经毛霉、曲霉等蛋白酶的作用水解而成，其中，谷氨酸钠盐是鲜味的主要成分。另外，霉菌、细菌、酵母菌菌体中的核酸，经核酸酶水解后，生成的5－鸟苷酸和5－肌苷酸，也增添了腐乳的鲜味。由来自淀粉酶水解成的葡萄糖、麦芽糖增加了腐乳的甜味。发酵过程中生成的乳酸和琥珀酸会增加腐乳的一些酸味，但由于腐乳发酵过程中，蛋白质缓冲能力很强，虽然微生物代谢产生各种有机酸，pH 值一般维持在 4.8～5.1，口尝不会感到有酸味。腌制过程中加入的食盐，使腐乳带有咸味。

因为腐乳发酵的香气及味道成分以及形成的机理十分复杂，还有待今后进一步研究。

4）体。腐乳外层的被膜是由霉菌的菌丝体构成的，质地嫩滑。若前发酵期霉菌生长均匀，被膜完整，则腐乳不易破碎，被膜内腐乳体态柔嫩；反之，则被膜不完整，腐乳易破碎。因此在前期培菌阶段应使霉菌生长旺盛，使腐乳坯表面布满菌丝，且要防止杂菌污染。为此，除纯菌培养外，还要控制好发酵室温湿度及卫生状况。腐乳坯经发酵后变得柔嫩，是由于蛋白降解为相对分子量较小的水溶性物质。如果腐乳口感粗糙，则说明蛋白酶活力低。

成熟腐乳具有腐乳特有的香气、相对密度较其汁液略小等特征。转动包装瓶子时，腐乳会离开瓶底随之转动。只要霉菌生长良好，控制腌坯用盐量、加酒量及腌制时间，腐乳就不会出现硬心或不成块等问题。

三、操作技能

按照发酵性豆制品加工工艺不同，腐乳分为青、红、白、酱方腐乳，其产品制作各有特色，其中，青腐乳的制作以王致和臭腐乳、云南路南腐乳为代表；红腐乳以上海鼎红腐乳、王致和红腐乳为代表；白腐乳以桂林腐乳、克东腐乳、广州白腐乳为代表。

1. 青腐乳的制作——以王致和臭腐乳的生产为例

青腐乳的特点是色泽清淡，外包一薄层絮状长毛菌丝，质地柔软而块形完整不碎，口味细腻而后味绵长，虽有一股独特的硫化合物的浓烈臭气，但能增进食欲和帮助消化。

(1) 工艺流程

原料──→筛选──→浸泡──→磨豆──→滤浆──→煮浆──→点浆──→蹲脑──→上榨──→划块──→豆腐坯──→降温──→接菌──→前期培菌──→搓毛──→腌制──→盐坯──→装瓶──→灌汤──→封口──→后期发酵──→清理──→贴标──→装箱──→成品

(2) 操作要点

1) 原料。选用优质、检验合格的大豆，要求大豆颗粒饱满，无虫蛀，无霉变。

2) 筛选。其目的是去除原料中的砂石、杂质。有去石、磁选、风选、水选等工序。

3) 浸泡。经过精选后的原料送入泡料槽内浸泡。浸泡后的大豆皮不易脱落，子叶饱满，无凹心。浸泡时间依季节而定。一般冬季 14～16 h，春秋季 10～14 h，夏季气温、水温较高，浸泡 6～8 h。此外，还要根据原料存放时间、产地等因素来合理掌握大豆浸泡时间，使其符合制作要求。大豆经浸泡后体积是原来的 2～2.2 倍。

4) 磨豆。浸泡后的大豆即可上磨进行磨制。磨制的目的是破坏大豆组织，使大豆蛋白质随水溶出。制出的豆腐要求不粗、不糙，均匀洁白，质地细嫩，柔软有弹性。

5) 滤浆。利用离心机将豆浆与豆渣分离。为提高原料蛋白质的利用率，一般滤出的豆渣要反复加水洗涤 3 次。要求滤出的豆渣标准是：蛋白质为 1.5%左右，脂肪为 0.4%左右，粗纤维为 5%左右，碳水化合物为 6%左右，含水量为 85%左右。豆渣的质量为大豆的 110%左右。

6) 煮浆。其目的是通过加热使蛋白质适度变性，并可消除生豆浆中那些对人体有害的物质。煮浆温度为95～100℃。

7）点浆。是豆腐加工中重要的环节。点浆用的凝固剂以盐卤为主，盐卤的用量依品种而定。盐卤的浓度一般控制在16～18°Bé。下卤时流量要均匀一致，并注意观察凝聚状态，在即将成脑时，划动的速度要适量减慢，至全部形成凝胶状态时，方可停止划动。从点浆到全部成型的时间为5 min左右。

8）蹲脑。又称养脑，即豆浆凝固后必须有一段静置时间，凝固才能完成。如果养脑时间短，蛋白质的组织结构不牢固，未凝固的蛋白质随水流失，会影响出品率。

9）上榨。是将凝固好的豆腐脑上箱压榨，并根据品种、规格和水分的要求成型。上榨前应做好设备和用具的卫生工作，防止用具不洁造成污染。

10）降温。刚榨出的豆腐坯品温较高，均在40℃以上，此时若接菌，不利于菌种生长，易污染杂菌，故接菌前先将品温降至40℃以下，方可接菌。

11）接菌。将液体或固体菌种均匀喷在或撒在豆腐坯上。要求豆腐坯各面都要均匀接上菌种。

12）前期培菌。即将接好菌的豆腐坯置于一特定的环境中进行培养。豆腐坯进入发酵室后，要将其摆放在发酵屉内，豆腐坯块与块间距4～5 cm，以利菌种生长。培养的室温为28～30℃，时间为36～48 h。

13）腌制。长满毛的豆腐坯经人工搓开后，将毛搓倒，入发酵容器内进行腌制。腌制的方法是码一层毛坯，撒一层盐，用盐量依品种不同而各异。当码满一个容器后，上撒封口盐，用重物压住，防止豆腐坯中水分析出，豆腐漂起，造成碎块，影响产品质量。用盐量一般为100块豆腐加400 g盐，腌制5～7天。腌制后的盐坯含盐量为13%左右。腌制完后，放毛花卤，捞起盐坯、淋干、装瓶。

14）灌汤。按品种不同，汤料的配制方法各异。将配制好的汤料灌入已装好盐坯的瓶内，封口，入后期发酵室。

15）后期发酵。后期发酵一般需1～2个月。在此期间，各种微生物及其酶进行着复杂的生化变化，也是色、香、味、体形成阶段，此时，需要控制好后期发酵室的温度，一般为25～28℃。

16）清理。腐乳在后期发酵期间，灰尘等会依附于瓶体表面，这既影响外观又不卫生，故应用净水清理瓶体表面，使瓶体洁净、美观。

17）成品。腐乳经过检验合格后即可进行贴标、装箱、入库。

2. 红腐乳的制作——以精致玫瑰腐乳的生产为例

（1）工艺流程

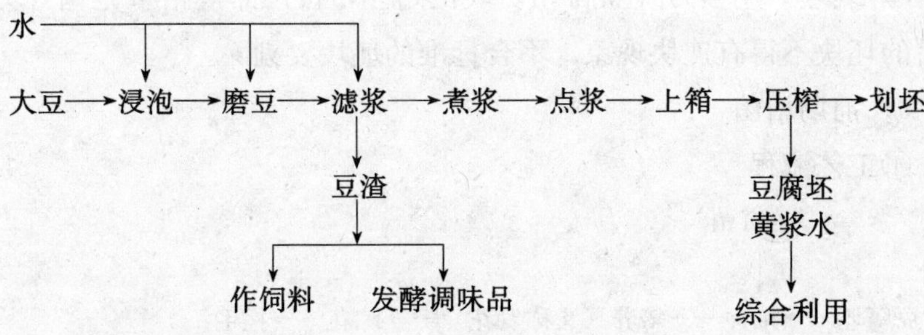

（2）操作要点

1）大豆处理。原料大豆需经振动筛筛选，除去大豆中的泥块、石块、铁屑等杂物，使制出的豆腐坯有光泽且富有弹性，从而保证腐乳的质量。

2）大豆浸泡。大豆在浸泡时，加水量控制在 1∶3.5 左右，浸泡时间冬季为 12～16 h，春秋季为 8～12 h。要根据大豆品种、新豆和陈豆确定具体浸泡时间。

3）磨豆。磨豆操作必须掌握磨碎的粗细度，要求不粗不黏，颗粒大小均在 15 μm 左右。加水量一般控制在 1∶6 左右，并以适量加水和调节磨子松紧来控制浆温。

4）滤浆。滤浆主要是将大豆的水溶性物质与残渣分离。滤浆采用卧式锥形离心甩干机，滤布选用 96～102 目的尼龙滤布。

在离心分离过程中，豆渣分 4 次洗涤，洗涤的淡浆水套用。豆浆浓度一般掌握在 6～8°Bé（以乳汁表测定）或 5°Bé 左右，每 100 kg 大豆出浆 1 000 kg 左右。

5）煮浆。使用蒸汽，快速煮沸至 95℃，将熟浆经振荡式筛浆机振筛，除去熟豆渣，以提高豆浆的纯洁度。

6）点浆。操作时要注意控制盐卤的浓度、点浆的温度及豆浆的 pH 值。生产上一般使用的盐卤浓度为 16～24°Bé，点浆温度控制在 80～85℃。

7）压榨。动作要轻，压榨时加压先轻后重，防止豆腐包布压破，导致豆腐脑漏出。压榨使用电动压榨床，榨出豆腐脑中的部分水分。白坯水分应控制在71%～73%，小白方水分掌握在76%～78%。成型的豆腐坯厚度要均匀，四角方正，无烂心，无水泡，富有弹性，具有光泽。

8）划坯。用多刀式豆腐坯切块机划坯，按产品规格事先调好刀距，划后的坯块不得有连块现象，不合标准的坯块要剔除。

9）前期培菌

①工艺流程

毛霉菌
↓
豆腐坯⟶接种⟶培养（又称发花）⟶晾花⟶搓毛

②操作步骤

a. 菌种检查。要求培养瓶内的毛霉菌种纯，菌丝齐壮浓密，无杂菌感染，培养瓶底板不得有花纹斑点及异味。

b. 制备菌种悬浮液。每800 mL菌种配制成1 000 mL左右的菌液。配制好的菌液存放时间不宜过长，特别是夏季要防止发酵变质。使用时需摇均，使孢子呈悬浮混合状态。

c. 接种。把划好的豆腐坯按规定块数整齐摆放入发酵格，用装在喷雾接种器内的毛霉菌悬浮液喷洒在豆腐坯上，菌液要五面喷洒均匀。

d. 培养（发花）。毛霉菌生长繁殖需要以蛋白质和淀粉等为养料，并要求一定的水分、空气和温度。室温控制在20～24℃，培养时间48～60 h。

待菌丝大部分生长成熟时，搭格养花，促使豆腐坯水分挥发和降低品温，以防菌体自溶而造成坯子外表黏滑和形不成菌膜皮，同时，养花还可以提高酶活力。

e. 晾花。待毛霉长足，菌体趋向老化，毛头呈浅黄色时，方可将培养室的门窗打开，通风降温，晾花老熟，散发水分。

f. 搓毛。毛头晾透即可搓毛。搓毛时应将每块连接在一起的菌丝搓断，整齐地排列在格内待腌。

10）后期发酵

①工艺流程

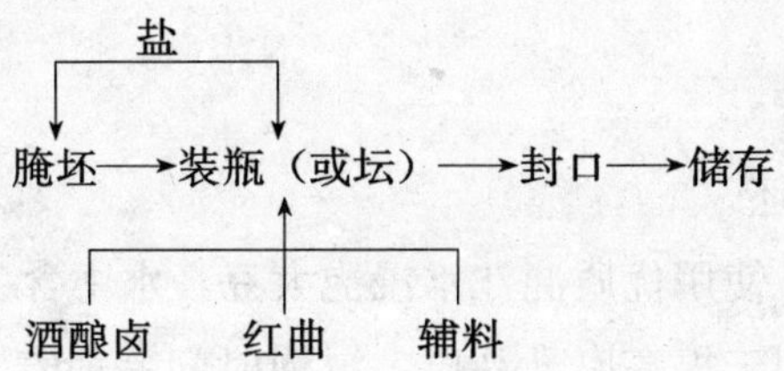

②操作步骤

a. 腌坯。要求定量坯用定量盐，一层坯撒一层盐，每容器若是13 600块，用盐量 75 kg。腌期一般为 7～8 天，盐坯氯化物含量为17%～18%。

b. 配料、装瓶（或坛）。用黄酒和上海产红曲调成染色液，将盐坯染成红色，染色要六面均匀。用黄酒、红米酱配制成卤汤，供盐坯装瓶（或坛）用。

装坯时既不能装得过紧，又不能装得松散歪斜。瓶子或坛子使用前必须洗涤或蒸汽灭菌，晾干后方可使用，以防盐坯后期发酵时霉变。盐坯装入后加入配好的卤汤和其他辅料。如用坛装，每坛需加封面盐，用量一般在 100 g。

若是瓶包装，上好瓶盖，旋紧，即可进行后期发酵。若使用坛装，要将装好的盐坯及卤料盖上坛盖，用厚尼龙膜盖密扎紧坛口，入库进行后期发酵。发酵 6 个月后即可成熟。

3. 白腐乳的制作——以桂林腐乳生产为例

(1) 生产工艺及操作方法。桂林腐乳生产分为三个阶段：

第一阶段将大豆筛选，除去泥尘杂质，用水清洗浸泡，磨豆过滤，浆渣分离，提取浆汁煮开，加凝固剂点浆，使豆浆变成豆脑，再压榨成豆腐，切成豆腐坯，整个过程为制坯阶段。

第二阶段为前期培菌（发酵）阶段，豆腐坯接上菌种，送培菌房摆放盒内，将盒垛放或者架放，控制好房内温度和湿度，使腐乳坯表面毛霉菌生长，然后检出霉坯，加食盐、酒腌制，停止毛霉继续生长。

第三阶段为后期发酵清埋阶段，腌制腐乳坯装入容器内，加放辅料，密封，存放于发酵库，控温发酵，腐乳成熟后出库清理、检测，合格品出厂。

腐乳制作依次经过三个阶段，整个生产周期需 40～60 天。

桂林腐乳在添加辅料中，一般除加食盐、酒、鲜椒外，另采用当地特产八角、公丁香、桂枝等天然香料，使腐乳更具有清香馥郁、回味悠长的特色风味。

（2）操作步骤

1）生产豆腐坯

①大豆浸泡。使用优质漓江水浸泡大豆，水中含各种有益微量物质，适合腐乳生产，利于提高腐乳品质，浸泡时间一般春、秋季为6～10 h，夏季为4～6 h，冬季为10～20 h。泡豆的具体时间应根据大豆质量和当时气温灵活确定。大豆浸泡膨胀要均匀，一般膨胀率为120%左右，豆瓣中稍凹，水面无泡沫，水质要清，水面高出膨胀后豆面5 cm以上。

②磨豆。大豆浸泡后虽蛋白质组织松软，但还需要经过碾磨，蛋白质才易溶出。碾磨过细，在分离时容易糊住过滤布网眼，少量豆渣混合在浆中；碾磨太粗，影响蛋白质提取率。一般磨出浆汁要清稠合适，颜色淡黄，不夹泡发热，豆糊细匀，手感无颗粒。磨出豆糊要过滤，使浆渣分离，豆浆纯洁度好，制成的腐乳坯有弹性。过滤分离4次，头浆与二浆合并为豆浆，浓度为5.5～7°Bé，三浆水（尾浆）与4次过滤渣套入豆糊，以减少清水使用量。豆糊经过4次分离后，豆渣内蛋白质含量低于2.5%，豆浆内含渣量低于5%。

③煮浆。一般以浆汁煮开（浆温100℃）为宜。加热温度不够，蛋白质达不到变性程度，在凝固时随黄浆水流失，出品率低，还影响腐乳坯质量。反之，导致蛋白质过度变性，蛋白质会聚合成更大分子，在凝固时较难形成细腻、均匀的网状组织，也影响成品质量和出品率。

④点浆。采用老水（酸水）点浆。老水是用压榨豆腐和撇水抽出的黄浆水，经酸水发酵24～48 h制成。待黄浆水酸化后，冲兑豆浆中，使豆浆中的蛋白质凝固，形成豆花。点浆要将煮好的豆浆放入固定桶内，每班按厂质检部门测定老水酸度后所确定的使用量，将老水连续平缓地加入热浆中，用工具轻轻搅动，使豆浆上下翻动，老水和豆浆均匀混合，使蛋白质凝固成豆腐脑，待静置澄清3～5 min后，方可撇水。

撇水时先将不锈钢箅子放入浆桶内，使豆腐花与黄浆水分开，避免撇水时豆腐花流失。然后用不锈钢管抽出黄浆水（又称子水）回收留用。撇水以豆脑干湿合适为宜，将不锈钢箅子取出，打碎豆腐脑，即可包豆腐上榨。

⑤制坯。包好豆腐上榨机压榨时，必须逐步加压，不得过急，一般分4～5次压成，豆腐框架不再连续溢水，可开榨取出豆腐，再用刀切成

要求规格的腐乳坯。对坯子要检测，不合格品不予接种，将其打碎回榨。一般要求腐乳坯颜色淡黄，用手轻压不开裂，有弹性，无蜂眼，结构细密，水分在 68%～71%，可根据季节和气候适当调整当班腐乳坯的水分含量。

2）腐乳发酵

①前期培菌。采用优良毛霉菌种，接种后腐乳坯斜角立放在霉盒内，使腐乳坯摆放盒整齐成行，每块间距 2 cm，夏季可稍宽，霉盒可垛放或架放，顶部留一空盒。豆腐坯进房后应关上门窗，地面洒水，采取加热或降温等措施，控制房内最佳温度和湿度，为毛霉菌生长创造条件。一般房内最佳温度为 18～25℃，湿度为 85%以上，夏季培菌需36～48 h，冬季需 72～96 h。要求腐乳坯表面六方有霉，呈白色或棉絮状白色，毛霉茂密雄厚。

②后期发酵。腐乳霉坯经腌制后，装在容器内，加辅料密封，存放，进行后期发酵。后期发酵过程中，多种微生物分泌的蛋白酶、淀粉酶、脂肪酶等引起了极其复杂的生物化学作用，逐步将原料中的蛋白质水解为氨基酸，淀粉糖化，糖分发酵成酒精及合成芳香的酯类物质，形成腐乳特有的色、香、味。

桂林腐乳在添加辅料中，一般除加食盐、酒、鲜椒外，另采用当地特产八角、公丁香、桂枝等天然香料，使腐乳更具有清香馥郁，回味悠长的特色风味。

(3) 成品质量标准。桂林腐乳执行 SB/T 10170—1993 标准。其感官指标是：颜色淡黄，表里一致，质地细腻，气香味鲜，咸淡适宜，无杂质异味，块形整齐均匀。

4. 酱腐乳的制作

酱腐乳是以酱曲为主要辅料陈酿而成的，其表面和内部色泽基本一致，具有自然形成的红褐色和棕褐色，酱香浓郁。其生产方法从制坯及前期培菌基本与红腐乳相同，就是白坯含水分比红腐乳略低些，一般控制在 68%～70%。主要不同之处是在后期发酵工艺上。其工艺如下：

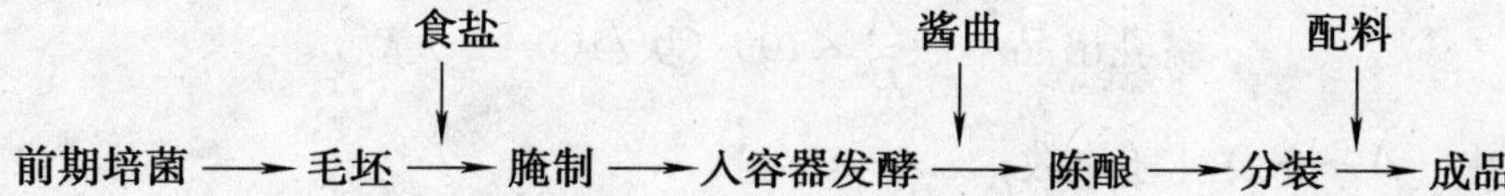

（1）腌制。毛坯经过搓毛送入腌制间，按一层毛坯一层盐的顺序腌制。在腌坯时，在容器中间留一个 15 cm 左右的圆形洞，便于测卤咸度。腌至 7 天，待盐坯 NaCL 含量达 16%～18%时，腌坯即可结束。

（2）洗坯。腌制的盐坯符合咸度标准后，取出，用干净的腌卤水逐块洗去盐坯表面黏性物质，坯子洗干净后让其沥干。

（3）酱坯。酱坯又称陈酿，将沥干的盐坯送至发酵房进行陈酿后熟。其方法是：在发酵容器内先放酱一批，再放盐坯一批，按次进行。容器的面层用酱封住，酱上面再用食盐轻轻压紧。容器口要封好，防止漏气。陈酿 4～6 个月即可成熟。

（4）分装。经检验合格后进行分装，分装的方法有两种：一种是将干腐乳分装，将陈酿腐乳表面酱刮掉，把各种混合配料撒于表面进行盒装；一种是把配料加入黄酒中作为腐乳卤汤，将陈酿腐乳装入瓶内，加入配制的腐乳卤汤即可。

学习单元 2 发酵性豆制品生产的主要技术指标

一、学习目标

通过本单元的学习，能够计算生产中的相关技术指标，如腐乳出品率、腐乳原料利用率等。

二、相关知识

1. 腐乳出品率

腐乳出品率有块数和质量两种计算方法。块数计算是指每 100 kg 大豆（或冷榨豆片）生产豆腐乳坯的块数，由于划块后的边皮未计算在内以及生产品种不一、大小有区别，因此以块数表示出品率在地区之间的对比价值不大。质量计算是指每 100 kg 原料与出品腐乳坯及边角料质量总和之比。

（1）以块数计算出品率。以腐乳坯块数计算出品率的公式如下：

$$腐乳出品率=\frac{A}{B}\times 100\ （块/100\ kg\ 大豆）$$

式中 A——腐乳坯块数；

B——大豆（或冷榨豆饼）数量（kg）。

（2）以质量计算出品率。由腐乳坯块数的质量，加上边皮的质量，再计算出品率，其公式如下：

$$腐乳出品率=\frac{AG+Q}{B}\times100\ (\text{kg}/100\ \text{kg}\ 大豆)$$

式中　A——腐乳坯块数；

G——每块腐乳坯质量；

Q——划块后边皮质量；

B——大豆（或冷榨豆饼）数量。

2. 腐乳原料利用率

一般工厂常用原料（大豆或豆片）与腐乳的质量或块数来计算原料利用率。由于原料质量的差异、制品成分的不同、块数规格的不统一等多种因素，原料利用率缺少实质上的可比性，不能合理反映出原料中蛋白质被分解利用的程度。因此，腐乳生产的原料利用率可用蛋白质利用率来表示。

蛋白质利用率的计算方法有两种：一是以腐乳坯蛋白质含量计算，二是以豆渣蛋白质含量计算。

（1）以腐乳坯蛋白质含量计算原料利用率。以腐乳坯蛋白质含量计算原料利用率，又可分质量计算及块数计算两种。

1）由质量计算原料利用率的公式如下：

$$腐乳原料利用率=\frac{NW}{M}\times100\%$$

式中　N——腐乳坯蛋白质含量，单位为 g/100 g；

W——每 100 kg 原料生产腐乳坯质量；

M——每 100 kg 原料蛋白质含量。

2）由块数计算原料利用率的公式如下：

$$腐乳原料利用率=\frac{ND}{Md}\times100\%$$

式中　N——每块腐乳坯蛋白质含量；

D——每 100 kg 原料生产腐乳坯块数；

M——每 100 kg 原料蛋白质含量，kg；

d——1 kg 腐乳块数。

（2）以豆渣（干基）蛋白质含量计算原料利用率。以豆渣（干基）蛋白质含量计算原料利用率的公式如下：

$$腐乳原料利用率=\frac{P-[L(L-m)]n}{P}\times100\%$$

式中　P——原料蛋白质总量；

L——豆渣质量；

m——为豆渣水分含量；

n——豆渣（干基）蛋白质含量。

三、操作技能

【例 1】　某批腐乳生产，投料为大豆 150 kg，生产规格为 3.5 cm×3.5 cm×3.5 cm 腐乳坯 9 600 块，腐乳坯每块质量为 36 g，划块后有边皮 24.2 kg，求其块数出品率及质量出品率。

解：(1) 代入以块数计算的出品率公式：

$$腐乳出品率=\frac{A}{B}\times100=\frac{9\ 600}{150}\times100=6\ 400（块/100\ kg\ 大豆）$$

(2) 腐乳每块质量为 36 g=0.036 kg，代入以质量计算的出品率公式：

$$腐乳出品率=\frac{AG+Q}{B}\times100$$

$$=\frac{9\ 600\times0.036+24.2}{150}\times100$$

$$=246.53（kg/100\ kg\ 大豆）$$

【例 2】　某批腐乳生产，投料为大豆 150 kg，大豆蛋白质含量为 36%，生产规格为 4.1 cm×4.1 cm×1.6 cm 腐乳坯 9 900 块，腐乳坯蛋白质含量为 13%，腐乳坯每块质量为 36 g，求以质量计算腐乳原料利用率。

解：(1) 因大豆蛋白质含量为 36%，即每 100 kg 大豆含蛋白质 36 kg。

腐乳坯蛋白质含量为 13%，腐乳坯每块质量为 36 g=0.036 kg

$$每\ 100\ kg\ 大豆产腐乳坯质量=\frac{9\ 600\times0.036}{150}=237.6\ (kg)$$

(2) 代入公式：

$$腐乳原料利用率=\frac{NW}{M}\times100\%=\frac{13\%\times237.6}{36}\times100\%=85.8\%$$

第五章

非发酵性豆制品成品加工

第一节 调味和产品制作

学习单元1 调味技巧

一、学习目标

通过本单元的学习，了解调味料的相关知识，能灵活地使用调味料，运用调味技巧，制作色、香、味、形俱佳的豆制品。

二、相关知识

1. 调味料

调味料也称调味品、调料，少量加入即可改善食物品质（气味、滋味、口感等）。在中国饮食文化中，调味品品种及调味技巧非常丰富。

在豆制品的生产过程中，添加一些调味品，使产品本身有了各自的口味特点，以及不同的口感和色泽。凡是能够起到突出产品口味、改善产品外观、增加产品特色的非主料食用品，可以统称为调味料。

调味料从形态上划分可分为液体调味料、固体调味料，从性质上划分可分为自然植物型调味料、加工制作型调味料、人工合成型调味料。植物型调味料包括葱、姜、蒜、辣椒、香菇、木耳等。

2. 调味技巧

（1）味的形成。各种食品在色、香、味、形、质诸多要素中“味”是第一位的，有人将味比喻是“灵魂”。食品在制作加工的整个过程中，食品加工人员运用各种调味料和调味手段，使食品做到定味准确、五味调和，这历来是衡量食品加工人员技术水平的重要标准。

味的形成是调味料的作用，调味料的核心是合理配料。另外是调味的手段，调味的手段最突出的要属加热，加热的方法很多，导热的介质以油和水为主。中国饮食文化中烹调技术世界闻名，主要是巧妙地运用调味的技术和丰富的调味料。

（2）调味料的配制。调味料的用量虽然不大，可是应用非常广泛，变化无穷，每种调味料都会有区别于其他调味料的特殊成分，在加热烹制食品的过程中会发生复杂的变化，通过这些理化反应起到调和口味，改善食品色泽、形状、质感的作用。

制作食品都有配料配方，除主料外就是辅料，辅料中大部分是调味料。传统的食品辅料配方多来源于千百年的实践总结。现代的食品辅料配方是通过检验、化验、分析，再通过实践证实。不管传统或现代辅料的配方都离不开实践检验，通过实践加工食品，得到食品的最佳效果，它所用的辅料中的各种调味料计量，就是这种食品的配方。

（3）学习和掌握调味料性能的方法。调味料品种多，调配方法非常丰富，加热后的味道变化无穷。要想获得最佳的调味料配方，就必须掌握各种调味料的基本性能和变化规律。

1）按照味道分类学习和掌握。味道的主类别有苦、辣、酸、甜、咸、涩、香、麻等。要了解各种味道的主要品种，相近品种，各品种的形态、来源（自然或加工）、加热后的主要变化，与其他调味料的配合使用情况等。

2）按照使用方法学习和掌握。调味料的使用方法有直接使用，调和使用（油调、水调）；有浸泡发起后使用，加热后使用；有固态使用、液态使用；有在食品加工前使用，在食品加工中使用，在食品加工后使用等。

3）按照调味的主要目的学习和掌握。使用每种调味料都有它的主要目的，有用于味道的相互转化的，有用于味道的压抑抵消的，有用于味道的转换变调的，还有用于味道的扩散的。

（4）使用调味料的时机。由于调味料的特性突出，使用调味料的时机也不一样。有些调味料是在加工食品前与原料混合调味，有些是在加工过程中添加，有些是在加工过程基本完成时添加，有些是在加工后添加，有些调味料则不经过任何加工直接添加。添加调味料的最佳时机要根据食品的调味要求、原料的特点、调味料的特点综合考虑，才能更好地发挥调味料的功效。

(5) 原料的形状与润味。加工食品时原料的形状与润味关系很大，加工食品时为什么要切块，一是美观，二是润味，主要还是为了润味。原料品质形状与加工后的味道有直接的关系，加工的原料要以适宜调味的最佳形状制作加工，才能达到最佳味道。

(6) 加工火候。食物原料在加热过程中，由于受热，温度逐渐上升，如果用火合理，时间控制得当，则不仅能够达到杀菌消毒、由生变熟的目的，而且能使食物呈现形变、色鲜、香浓、味美的最佳状态。制作食物时为控制热量的传递，就必须调节火力的大小和加热时间的长短，如采用炸、炒等方法，要求食品香、鲜、脆、嫩，适宜用旺火，短时间加热。如果采用卤、煮、炖、焖、烤，就要采用弱火，加热时间长一些。

对于原料而言，火候就是原料温度升高的速度和达到的温度。在加工过程中，食物的色、香、味、形、质的形成，取决于原料内部和外部所发出的化学变化与物理变化，而这种变化的速度和所达到的程度，又取决于原料温度上升的速度和所达到的温度，因此，烹制食物时，火候是否恰当的最终判断，取决于食物所呈现的品质是否达到最佳状态，俗话说“不到火候不揭锅”。

火候是根据不同原料的性质、形态，不同的加工方法和口味要求等因素，对火力大小和用火时间进行调节和控制，以获得食物色、香、味、形、质俱佳的效果。

(7) 规范操作。同样的原辅料，制定了同样的生产工艺，在具体操作中往往会出现不完全一致的结果，这就要掌握一定的工作技巧。要掌握工作技巧，一是要规范工艺操作，并使操作娴熟；二是要改善加工设备，使加工手段标准化；三是要提高管理水平，使工艺、操作控制有切实可行的标准。

3. 南、北方产品区别

我国南、北方由于气候、水土等多方面的原因，在饮食习惯上有一定的差别，大豆食品品种上也有所不同。

（1）品味差别。在我国，饮食口味特点的传统说法是南甜、北咸、东辣、西酸。但随着人民生活水平的提高，人们对食品的保健作用有了一定的要求，提倡低盐、低糖、低脂肪、低热量食品。豆制品随着消费者口味的变化在不断的调整。南方地区豆制品仍然以甜味为主调味料，但是甜度比以前大幅度降低。北方地区豆制品仍然以咸味为主调味料，但是咸度比以前大幅度降低。随着南北的产品交流，人口流动，豆制品形成南北交融、互相借鉴、取长补短、品种多样化的良好趋势。

（2）品种特点

1）豆腐品种。南方地区以嫩豆腐、内脂豆腐、板豆腐为主要产品，豆腐的含水量偏高，组织结构比较细嫩；北方地区以硬豆腐（北豆腐）为主，但内脂豆腐的销量也很大。

2）豆干品种。南方地区五香干销量比较大，真空包装的五香豆干已经作为旅游食品或小食品销售；北方地区白豆干销量大，消费者主要用于加工各种菜肴。

3）豆片品种。南方地区的百页、千张销量比较大，消费者购买后多用于加工各种菜肴；北方地区的豆腐片（百页、干豆腐）销量比较大，但总量远不如南方地区。

4）品种数量。南方地区经过炸、卤、炒、熏等热加工的豆制品品种多于北方地区，特别是卤煮制品制作精细，味美色鲜；北方地区炒制品、熏制品品种丰富，制作精美。这些品种的差别与地区传统的饮食习惯和加工菜肴有很大的关系。

5）面筋制品和淀粉制品。多年以来我国市场上的面筋制品和淀粉制品都与豆制品作同类产品一起销售，这些产品一般都在豆制品加工厂生产。南方地区面筋制品丰富，销量大于北方地区；北方地区淀粉制品丰富，销量大于南方地区。

6）休闲食品。南方广大地区以大豆为原料制作的各种小食品、休闲食品非常丰富，在旅游、交通、航空等场合大量销售。这种食品采用抽空包装，反压灭菌，可以保存半年以上，使传统的大豆食品突破了地域销售的限制，开拓了更加广阔的前景。

学习单元 2　产品制作工艺划分和工序安排

一、学习目标

通过本单元的学习，了解非发酵性豆制品生产的工艺划分和工序安排，同时，能够独立制作色、香、味、形俱佳，各项理化指标合格的非发酵性产品。

二、相关知识

豆制品的整个制作工艺可以划分为四个阶段，每一个阶段的工艺要求又都是与上下相关联的，上一个工序的质量状况直接影响着下一个工序的质量，下一道工序对上一道工序的依赖性是十分明显的。

1. 工艺四个阶段的划分

（1）原料清理的工序。将原料经过筛选、去石、水洗后去除各种杂质，为制浆提供清洁原料。

（2）制浆的工序。将原料浸泡、磨制、分离、煮浆，为半成品制作或成品制作提供熟豆浆。

（3）半成品制作。将熟豆浆进行点浆凝固、压制成型、切块制成半成品白坯，为精加工提供半成品。

（4）成品加工。豆腐的制作是经过包装、灭菌、降温制作成成品；豆制品则需要经过炸、炒、卤、熏等再加工制成成品。行业把再加工称为精加工。

2. 产品精加工工序安排及工艺要点

（1）油炸类。油炸类是指半成品坯子必须经过植物油的炸制过程，或直接炸制出成品，或投入调料汤，再继续加工生产出成品。

1）炸制成品。半成品坯子要经过高温植物油的炸制，其工艺操作过程有 4 个要点：

①必须采用双锅炸法，第一锅的油温控制在 130～150℃，第二锅的油温控制在 170～190℃。

②第一锅炸制的程度要求坯子完全膨胀，呈淡黄色，完全漂浮于油面之上，之间没有粘连，坯子本身不再有明显的出气点。

③第二锅炸制的程度要求完全成型，产品表面坚实挺阔、光滑整洁，冷却后不出现明显的回缩现象，不塌瘪。

④每锅的油量不宜多，每锅半成品坯子的质量不超过 20 kg，三个轮回后要注入部分新油，工作的中间和最后要不低于两次清理油锅底部的残渣。

2）炸制半成品坯子。工艺操作过程的要点与炸货成品类的前两条相同，后两条的差别只是程度的不同、时间的不同、数量的不同，准许回缩和塌瘪，不要求坚实挺阔等。

针对不同产品对炸制的半成品坯子有不同的要求，炸制的油温和时间是关键。坯子炸得老，耗油量大，影响口感；坯子炸得嫩，成型不好，影响感官等。炸制好的半成品坯子主要是给下一步的炒制产品和卤制产品提供的，炸制的效果将直接影响到炒货、卤货的产品质量。

3）炒货成品。工艺操作要点包括：投料准确，炒汁添加量准确，煤火温度适宜，翻炒均匀。

4）卤货成品。卤货成品分为两种类别，一种是油货类，一种是白货类。工艺操作要点包括：投料准确，卤汤添加量准确，翻捣均匀，卤汤回收。

（2）白货类。白货类是指半成品坯子不经过植物油的炸制过程，或直接出成品，或投入调料汤水再继续加工生产出成品。

1）白货成品。在半成品制作过程中，直接产出成品。

2）卤货成品。半成品坯子经过汤料卤制后产出的成品。

3）熏制品。半成品坯子过碱水，经燃烧锯末产生烟的熏蒸过程而产出的产品。

（3）产品精加工工艺流程。产品精加工工艺流程如下所示。

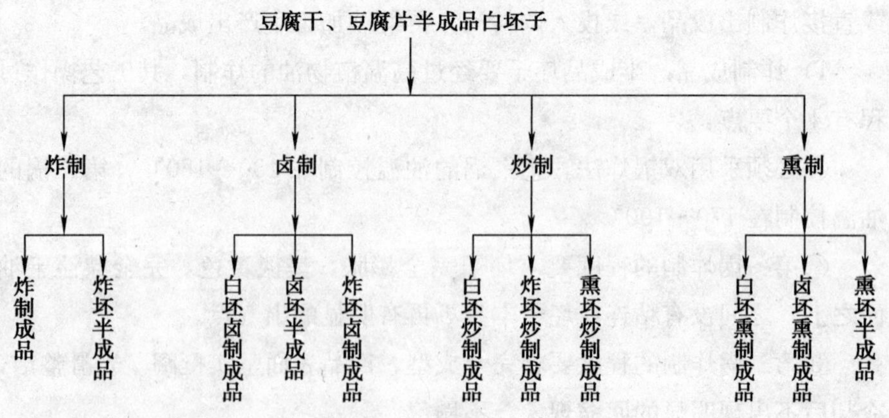

学习单元 3 产品制作实例——花干

一、学习目标

学习产品制作实例的目的是为了更加具体的了解和掌握“花干”生产的全过程，从而举一反三，为制作更多的产品打下良好的基础。

二、相关知识

花干，又称拉花、大花干、五香花干等，是油货类产品中卤货的一个品种。

1. 半成品要求

点浆工艺要求是进行热点，开缸力度略偏重；四边、四角整齐，中心不麻，四角不糟，薄厚均匀；脱水压力偏重，内部结构紧密，断面无出水点，柔韧性好不断裂；脱水后的坯子厚度为 8～10 mm；块形的切制规格为长 60～80 mm，宽 40 mm；斜切刀夹角为 30°，切刀间距 3 mm；上下切刀深度为 5 mm。切制后的半成品要能够完全拉得开，又不折断，此时需风吹摊凉，降温以减少水分。

2. 成品要求

炸制的程度要达到炸制成品的标准，切刀口自然伸开，形成网状；卤制过程中块形的网状呈自由状态，整齐不碎；成品块形好、有动感，口感利落有嚼头，口味鲜香，回味久长；产品出品率 1∶1.3 。

3. 理化指标

水分不大于 65% ，蛋白质不小于 14%，盐不大于 4%。

三、操作技能

1. 半成品制作

(1) 点浆。豆浆的浓度掌握在 9～10°Bé，盐卤浓度在 12～13°Bé。花干的点浆工艺要求是热点。

1) 用撇勺或搂耙等工具，将豆浆在容器中上下翻滚起来，翻滚要平稳，不准出现豆浆在容器内平面旋转的现象，即“点转缸了”。

2) 开盐卤溶液管道上的开关，凝固剂的流量以规格为三分的防腐截门流出水柱的直径为掌握的标准，直径为 6～8 mm 的水柱流入容器内，凝固剂的出口与豆浆面的距离最好不超过 10 cm，或用食品胶管引出，杜绝砸起豆浆沫子，影响质量。

3）随着盐卤添加量的不断增加，翻滚中的豆浆会不断出现凝结物，并迅速的增多，形成一块块的豆腐脑，并逐渐沉淀，豆浆的黏稠度明显增大，这时的凝固剂流量要减小到开始点浆时的一半左右。随着豆腐脑的密度急剧增大，黏稠度显著增加，豆浆翻滚的速度和搅拌的力度要逐渐减慢、减小，同时关闭凝固剂截门，翻滚的现象就渐渐停止下来。

点浆所用时间在 3～4 min，蹲脑时间在 20 min 左右。

（2）开缸。将脱水用的竹板或竹拍子插入到容器中摆动，使整体豆腐脑缓慢的上下移动，豆腐脑中的黄浆水出现明显的析出。用力的程度是使上半部豆腐脑缓缓带动下半部豆腐脑移动；开缸的程度以表面豆腐脑破碎的程度为依据，旋转摆动的次数在 6～8 圈。开缸结束后，豆腐脑要有一段沉淀凝集的过程，时间在 8～10 min。

（3）上板

1）使用前的豆包布要用浓度为 3%的食用热碱水煮 20 min 左右，然后在清水里漂净，使用时再用净水漂洗一遍。

2）将 50～55 cm 见方、厚度在 2 cm 的干板放置在高 40 cm 的架子上，干板上面放一片竹拍子，竹拍子上面放置干模子，干模子高 6 cm，内框边长 45 cm，干模子上面铺豆包布，豆包布的四个角对干模子的四个边，将豆包布在干模子里铺平，四角铺实。

3）将滤黄浆水的筛子轻轻放到盛放豆腐脑的容器中，用橡胶软管或用舀子缓缓地将黄浆水排出。余下的黄浆水高出豆腐脑面 2 cm 以下即可。

4）将滤黄浆水的筛子取出，用舀子舀出豆腐脑轻轻倒在豆包布内，四个角要充满，高度与干模子齐平，中间的豆腐脑要高于四边 1 cm 左右。然后开始封包，先左后右，先前再后，豆包布要将豆腐脑封严铺平，四个角要成直角。撤出干板，豆腐脑上放置第二块竹拍子，重新开始这一动作。容器内的黄浆水多了，可用筛子篦一篦，将黄浆水舀出。

5）上板完成后，将最后上完的一板移至脱水榨的底盘上，依次倒板直至最先上的第一板放置到最上面，然后将 2 cm 厚的木板放置在最上面的一板上，开始加压脱水。在倒板的过程中，要注意码正对齐。码放在脱水榨中的竹拍子如果出现歪斜，就会造成半成品坯子一边薄一边厚，达不到标准要求。

（4）压制脱水

1）初期脱水。各竹拍子之间的距离很快缩短，黄浆水大量排出。压力的掌握程度为竹拍子之间的距离开始缩短时即刻停止。待用手活动竹拍子时，整体出现了松动可再次加压。加压的程度为竹拍子之间的距离明显缩短，黄浆水还会继续排出。此后要有 2～3 min 的停顿时间。

2）中期脱水。暂时停顿结束后继续加压，加压的程度比原来整体的高度要缩短 1/3，但前提是竹拍子的立面不能出现变形。黄浆水的排量比初期的排量要减少 3/4 以上，此时的排水现象是不断地滴水，当活动竹拍子有横向的弹性活动时，要适时保持压力。

3）后期脱水。此时的加压力度是全过程中最大的时间段，所有的竹拍子不应有活动的余地，排水的现象是间断地滴水直至无明显的黄浆水析出。脱水全过程大约用时 18～22 min。

（5）切制。花干的形状，从切制方法到产品外观，是目前在豆制品的品种中，唯一有独到之处的产品。现在专用于切制花干的切制机已经投入到生产使用中了，效率是人工操作的 10 倍以上。切制时，将花干的半成品坯子翻到切制机的输送带上，滚动刀将坯子切出 11 条 4 cm 宽的长条坯子来；与坯子形成夹角 30°的上下两把刀，同方向运动，上下各切入坯子 5 mm 的深度；切制机头部的横刀，将坯子切成每段 6 cm 长。

（6）摊凉。半成品坯子切制后，放置在凉货平台上降温，并轻轻翻动 2～3 次，降温时间为 50～60 min。

2. 成品制作

（1）炸制

1）检查第一台炸锅的油温，控制在 120～140℃。此时的油锅中心已经翻滚，锅边略有轻烟出现。半成品坯子在下锅时，先要轻抖盛放花干坯子的容器，形成逐步进锅，防止热油溅起烫伤。

2）半成品坯子的投放量每次在 20～25 kg。坯子刚入锅时要有一个短暂的停顿，时间为 1 min 左右。然后用笊篱从锅边进入将坯子捞起，轻轻抖动防止粘连，抖动的力度不可太大，坯子从笊篱中弹起即可，防止烫伤。

3）待坯子完全漂起看不见油面，颜色变黄，没有了粘连，花干坯子完全自然拉开，坯子在热油的炸制中没有了明显的大气泡冒出时，倒入高温油锅继续炸制。

4）在倒锅的过程中，第一，要掌握好高温油锅的温度应在160～180℃，手掌距油面35 cm的距离时有较强的灼热感；第二，倒锅的动作既要稳又要快，第一锅不能剩坯子，第二锅的炸制要均匀。

5）当花干坯子炸制成棕黄色，完全拉开并能够定型不塌软，双面切刀口呈网状不回缩，坯子在热油的炸制中已经没有了气泡冒出，即可全部捞出，放置在筛子中控油3～5 min，然后放置在专用的筐中准备卤制。

（2）卤制。卤制用的锅基本上有三种类型：煤火锅、蒸汽锅、双底锅。下面以双底锅为例介绍卤制过程。

1）先将双底锅加入160～180 kg水，加热（包括上一个班剩下的老汤质量），将事先准备好的料包放入其中，待水烧开后煮20～25 min。然后将配料员备好的辅料（白糖6 kg、精盐3.5 kg、酱油10 kg）投入锅中，继续加热搅拌配汤。待辅料充分溶解后，将150 kg炸制好的花干坯子倒入锅中开始卤制。

2）蒸汽压力控制在0.07～0.09 Pa。先让炸制好的坯子有一个吸汤和软化的过程，然后用不锈钢铲锹在锅的一边将坯子往下按，将对面高起的坯子翻过来，使其能够均匀吸汤。

3）卤制的时间在50～60 min，以半成品坯子完全浸在卤汤里开始计算时间。在卤制的过程中，要轻轻地上下翻动3～4次。蒸汽压力保持在0.05～0.07 Pa。

（3）卤汤回收

1）产品出锅前先将蒸汽截门关闭。

2）准备好一辆带有不锈钢盘的小车，高度在40 cm左右，一个角要有排水口，排水口下面放置一个接汤的小桶。不锈钢盘的上面有能够漏汤的食品级塑料箱，塑料箱的高度最好不超过120 cm。

3）产品出锅时，笊篱要从侧面的锅边下去，尽可能地减少产品的破碎。产品出锅的过程中要控一控汤。卤制完成后所剩的汤的总量一般在70～80 kg左右。

（4）定量包装。花干的包装销售，目前市场上有三种形式：一种是185 g的真空包装；一种是托盘装300 g，保鲜膜包装；另一种是加入了卤制汤在内的塑料尼龙膜袋装。三种包装形式各有利弊，销量较大、包装费用较低的是用保鲜膜的托盘包装。

(5) 灭菌降温。灭菌的方法多种多样，如巴氏水浴灭菌、超高温灭菌、高温反压灭菌、微波灭菌、射线灭菌等。这里介绍巴氏水浴灭菌。巴氏水浴灭菌针对的是必须要有定型的包装材料。抽真空袋装和加汤的尼龙膜袋装，在温度高于85℃的热水中连续加热45 min以上，然后瞬间进入到温度低于10℃的冷水中降温，冷却45 min以上，保质期都能达到30天以上。

(6) 入库。成品入库要做到两个方面。

1) 包装数量要符合外包装箱的要求。冷库的温度要达到产品说明上的要求，即≤10℃。

2) 冷库要执行先进先出的原则。成品要隔墙离地码放有序，产品标识牌内容齐全，有防鼠设施。

四、注意事项

1. 上板时要准确掌握上脑的数量、脱水的力度及不跑榨，以保证半成品坯子的标准厚度和均匀程度；摊凉时要吹透，以保证切制后既能够拉得开，又不出现断条现象。

2. 花干切制机还有一种是简易型机，只能进行单面切制，然后将坯子翻过来再切制另一面。使用该机型时要十分注意半成品的入机操作安全，防止机械伤人。

3. 炸制时掌握好两个锅的油温，卤制时在翻动产品的过程中动作要轻要稳，出锅时避免产品掉洒和卤汤的流失。

4. 包装时的称重要高于标准质量10 g左右；掌握好灭菌、冷却的温度和时间以及产品的中心温度等。

第二节 成品质量鉴别

学习单元1 产品卫生质量的鉴别方法

一、学习目标

通过本单元的学习，能熟悉非发酵性豆制品的卫生、质量标准，为产品品质控制提供依据、方法和理论支持。了解在生产中常用的产品卫生、质量鉴别方法，从而更有力地进行食品安全卫生控制，保证产品质量。

二、相关知识

1.《非发酵性豆制品及面筋制品卫生标准》

《非发酵性豆制品及面筋制品卫生标准》（GB 2711—2003），是豆制品中各类产品的统一标准。该标准从三方面对产品做出了明确的要求：

（1）感官指标。具有本品种的正常色、香、味，不酸，不黏，无异味，无霉变。

（2）理化指标。理化指标见表5—1。

表5—1　理化指标

项目	指标
砷（mg/kg，以As计）	≤0.50
铅（mg/kg，以Pb计）	≤1.00
食品添加剂	按GB 2760—1996规定

（3）微生物指标。微生物指标见表5—2。

表5—2　微生物指标

项目	指标		
	散装		定型包装
	出厂	销售	
细菌总数，个/g≤	50 000	100 000	750
大肠菌群，MPN/100 g≤	70	150	40
致病菌	不得检出	不得检出	不得检出

2.《食品添加剂使用卫生标准》

《食品添加剂使用卫生标准》（GB 2760—1996）中规定的，并且常用于豆制品生产中的主要食品添加剂，及其最大使用量见表5—3。

该标准中规定豆制品不允许使用防腐剂，但是制作豆制品需要使用调味品，如酱油等，这些调味品中含有国家规定允许的防腐剂含量，为此2004年6月1日中华人民共和国卫生部发出公告："在检验和判定食

表 5—3　　食品添加剂及其最大使用量

类别	食品添加剂名称	最大使用量（g/kg）
消泡剂	高碳醇脂肪酸酯复合物 DSA－5	1.6
稳定和凝固剂	硫酸钙（石膏）	按生产需要量适量使用
	氯化钙	按生产需要量适量使用
	氯化镁（盐卤，卤片）	按生产需要量适量使用
	葡萄糖酸 δ 内酯	3.0
防腐剂	山梨酸	1.0
	山梨酸钾	1.0
	丙酸钙	2.5
	双乙酸钠	1.0
	过氧化氢	0.86 g/L 残留量不得检出
香料	允许使用的香料、暂时允许使用的香料	按生产需要适量使用
	山楂核烟熏香味料 1 号	1.0
	山楂核烟熏香味料 2 号	1.0
甜味剂	麦芽糖醇	按生产需要适量使用
	山梨糖醇（液）	按生产需要适量使用

品中食品添加剂指标时，应结合配料表各成分中允许使用的食品添加剂范围和使用量综合判定。”规定在豆制品中可以间接的含有微量防腐剂。

选择和使用食品添加剂一定要按国家标准执行。随着豆制品种类的不断推陈出新，对所用食品添加剂的种类和适用范围有所突破的单位，应该及时向相关卫生部门进行申请并申报新增食品添加剂的使用卫生标准或某些现有品种的扩大使用范围。

三、操作技能

当今社会，随着科学技术与人类文明的飞速发展，食品安全已引起社会公众的空前关注，确保食品的卫生质量是关系到消费者饮食、健康的重中之重。因此，各国政府都致力于不断加强食品安全监管力度。我国的国家标准也从感官、理化和微生物三个方面对豆制品进行了规定。

1. 豆制品卫生质量的感官鉴别

在豆制品生产、运输和销售过程中，感官鉴别作为一种快速直观的鉴别方法，被参与生产人员和行业技术人员广泛接受和使用。豆制品的感官鉴别主要是依据观察色泽、组织状态，嗅闻其气味和品尝其滋味来进行的。其中应特别注意其色泽有无改变，手摸有无发黏的感觉以及发黏的程度如何。不同品种的豆制品具有本身固有的气味和滋味，不可一概而论。

（1）豆腐类

1）色泽。在散射光线下直接观察，优质的豆腐呈均匀的乳白色或淡黄色，两种颜色之间的色差很微弱。这主要是由大豆自身的颜色决定的。次质或劣质的豆腐局部或大面积呈淡粉色、红色或红褐色，无光泽，这主要是由于氧化作用和微生物的大量繁殖所致。

2）组织状态。优质的豆腐块形完整，软硬适度。其中内酯豆腐含水量最多，质地较软嫩，有良好的持水性，切刀后不坍、不裂，细腻，结构均匀，无杂质。南、北豆腐含水量相对较少，质地紧致有弹性，有一定硬度。次质或劣质的豆腐由于灭菌措施不利或放置条件恶劣，都会出现表面发黏，包装盒内液体混浊发黄，有黏性。如出现此现象，证明产品已经被细菌严重污染，应立即将其隔离处理或销毁，防止发生污染。

3）气味、滋味。优质的豆腐具有浓郁的豆香味，口感鲜嫩。次质或劣质的豆腐有豆腥味、馊味、酸味等不良气味，品尝时有酸臭味、苦味。

（2）油炸豆腐类（豆腐泡、炸三角等）

1）色泽。在散射光线下直接观察，优质的油炸豆腐产品为金黄色，色彩鲜艳而有光泽。次质或劣质的油炸豆腐产品颜色变暗呈棕色或深棕色。出现这种情况，是所使用的煎炸油中产品残渣太多而形成黑色渣状碳化物质所致。煎炸油的反复使用会产生一些对人体有害的致癌物质，因此，当煎炸油颜色变深，所炸豆腐产品颜色变暗呈棕色或深棕色时要及时更换新油。

2）组织状态。优质的油炸豆腐产品块形整齐，有弹性、外皮脆。次质或劣质的油炸豆腐产品块形不整，皮软、无弹性，切口黏刀，手摸黏手。如果产品在短期内即出现此现象，证明坯子水分高，油炸不彻底，导致脆皮部分过薄或有破碎，而中心部分湿度大，导致水分外渗产品快速返潮，引起微生物滋生。

3）气味、滋味。优质的油炸豆腐产品有特有的浓郁清香风味，无其他任何不良气味，品尝时外皮酥脆适口，内部软嫩。次质或劣质的油炸豆腐产品无清香味，甚至有哈喇味，品尝时滋味平淡甚至有酸味。这是油脂氧化和微生物作用的结果。

（3）豆制品白货类（豆腐干、豆腐片、豆腐丝等）

1）色泽。优质的白货类产品呈乳白色或淡黄色。次质或劣质的白货类产品色泽呈深黄色或发微红或发绿，如果产品不长时间放置，一般不会出现此现象。

2）组织状态。优质的白货产品质地细腻、边角整齐、有弹性韧性，切开处挤压不出水，无杂质。次质或劣质的白货类产品结构散碎，无弹性，发面、发糟、发黏。

3）气味、滋味。优质的白货类产品有豆香味。次质或劣质的白货类产品有馊味、酸味等不良气味，品尝时有酸臭味、苦味。

（4）豆制品卤货、炒货类。豆制品卤货、炒货类产品品种种类繁多，颜色形态口味各异。一般由于微生物作用，深色含汤汁多的产品会在产品表面或汤汁中出现白色混浊物；含水量少的产品表面会发污、发黏，有水分渗出，产品变糟、变面。同时都会伴随着馊味、酸味、酸臭味等不良气味。

上述分别对各类产品的优劣特征进行了对比，在质量鉴别过程中凡具备一项次质或劣质特征的产品即判定为不合格，应立即与合格品隔离处理，同时分析原因，找出问题所在，实施纠正措施。

2. 豆制品卫生质量的理化和微生物鉴别

借助物理化学和微生物实验的方法进行豆制品卫生质量的鉴别，是工厂中食品质量检测实验室和政府各级食品卫生监督检验机构所使用的鉴别方法。此方法具有准确性，但由于多数实验所需的时间较长，因此在生产过程中不具备可操作性。

（1）豆制品常用的理化检验内容。豆制品常用的理化检验内容包括蛋白质、水分、重金属和防腐剂。其中蛋白质和水分的含量不仅关系到产品的质量，也是工厂中判定产品出品率的重要指标，因此是必检的项目。后两项因为涉及产品的卫生安全，因此是各级食品卫生监督检验机构对产品进行抽样检测的主要项目。蛋白质和水分的检测是运用凯氏定氮的原理和恒重法进行检测的。重金属检测方法为原子吸收光谱法，其中石墨炉原子吸收光谱法的最低检出浓度为 5 μg/kg。山梨酸或苯甲酸等防腐剂的检测方法为色谱法，其中气相色谱法最低检出量为 1 μg。因此，凡生产豆制品时使用的各种原辅料、调味料、香料中含有重金属或防腐剂，一般情况下都能被检出。

（2）豆制品中微生物的检测内容。豆制品中微生物的检测内容包括细菌总数、大肠菌群、沙门氏菌、金黄色葡萄球菌、溶血性链球菌、蜡样芽孢杆菌。由于大多数工厂检测和实验能力有限，所以只进行细菌总数、大肠菌群两项检测。运用通常方法，细菌总数测定需 24 h，大肠菌群测定需 48 h，其他几项属于致病菌测定，食品卫生监督检验机构或疾病预防控制机构具有权威的检测能力，但检测所需时间需一星期左右，因此有一定的滞后性。所以，豆制品卫生质量的控制应以预防或前期控制为主，成品卫生检测为辅。

学习单元 2　产品组织结构的质量鉴别

一、学习目标

通过本单元的学习，熟悉豆制品生产中产品组织结构的常见质量问题、鉴别方法和产生的原因。由于豆制品的种类丰富，生产工艺和原理各有不同，产生的问题也多种多样，因此分别进行讲述。

二、相关知识

1. 内酯豆腐

（1）内酯豆腐的生产工艺与原理。内酯豆腐是以南方大豆为原料，经清杂、浸泡、水洗、磨制、煮浆、点脑、升温成型等工序制作而成。其生产原理是利用豆浆加热时葡萄糖酸内酯转变为葡萄糖酸，与豆浆发生凝固反应，浓度较高的豆浆就会凝固形成豆腐。

（2）内酯豆腐组织结构的质量鉴别。通过生产工艺和原理可知，生产内酯豆腐时，煮浆和豆浆浓度的控制是影响其组织结构质量的重要因素，因此也是关键的质量控制点。如果煮浆不充分，豆腐就无法成型。成型后的产品，比较常见的组织结构质量问题有两种：

1）脱水现象。这主要是由于豆浆浓度低所致。一般生产内酯豆腐所用的豆浆浓度控制在 12°Bé。

2）产品有气泡。产品表面有泡沫十分影响产品外观，这主要是由于灌装不满，有空气进入包装盒，同时振动产生气泡。因此，灌装时应注意灌装量的控制，同时避免产品传输时的振动。

2. 北豆腐

（1）北豆腐的生产工艺与原理。北豆腐以北方大豆为原料，经清杂、浸泡、水洗、磨制、煮浆、点脑、压制、成型等工序制作而成。其生产原理是大豆蛋白质加热变性、由溶胶逐渐变成凝胶的过程中，盐类可促使凝胶的形成（称为盐析作用）。由于盐析作用的存在使变了性的大豆蛋白质更不溶解，从而可使大豆蛋白质的网络结构更稳定。这种协同作用使豆浆转变为豆腐。北豆腐选用的凝固剂是氯化镁（俗称盐卤、卤片），它与蛋白质的反应比较剧烈，成型后的产品切面不十分细腻，含水量低，但比较结实，韧性较强。

（2）北豆腐组织结构的质量鉴别。在北豆腐生产过程中，磨制、煮浆、点脑、压制工序中任何的偏差都会直接影响产品的组织结构，因此，都是主要的质量控制点。北豆腐比较常见的组织结构质量问题有如下几种：

1）产品表面或切口处有细粉黏附，产品发面、发散。一旦产品出现这种情况即可判定磨制工序过滤装置有漏渣现象，应当立即停机检修。

2）产品表面粗糙，切面有蜂窝，有大量水渗出。这是由于产品在压制过程中受力过大、过猛。由于受力过大、过猛，使蛋白质凝胶迅速聚合，组织内部结合不细腻，产生部分蜂窝和麻眼，同时水分会从蜂窝和麻眼中流出，因此产品外观粗糙、质地松软、弹性差、持水性差。为保证产品外观质量，应注意掌握压制时的力度和速度。先轻压、缓压，随着水分的排除和组织体积的不断缩小，再加力，压制时间一般不应少于10 min。

3）产品软心或溏心。产品溏心是指产品外观光洁，但中心区域未完全凝结呈半流动状态。产生这种结果的主要原因是老化后的豆腐凝胶放入型箱后分布不够均匀，再加上压制时力度和速度控制不佳，使产品外部组织凝固而内部水分未充分渗透，造成溏心。

4）产品组织较硬，但发糟。此现象是北豆腐生产中较常见的现象。产生这一现象的原因很多，例如：

①点浆时凝固剂添加过多，豆腐凝胶质量过于老化。成型降温后产品发糟。

②蹲活时间不足，导致凝胶结构不稳固，胶联不充分，再经过迅速脱水，产品组织结构即呈现大颗粒状，粗糙状。

③上箱时，豆腐脑大量破碎，使持水性降低，温度较低情况下压制脱水后，碎脑再次聚合，产品表现为组织较硬、粗糙、含水量低，影响产品出品率。因此，上箱时应尽量避免豆腐脑破碎，压制脱水温度不应太低。

④上箱过程中掺入过多粉碎豆腐所致。

⑤大豆质量低。如大豆蛋白质含量太低或经过脱脂处理。

5）成型后产品表面大片外膜被揭去。产生这一现象的原因是由于点浆时，点制的豆腐脑过嫩，压制脱水时表层组织易与包布粘连，开包时，随着包布的揭开豆腐表层组织也被揭去，因此产品外观质量大打折扣。

6）成品破裂。这是由于点浆时的温度过高，压制时凝胶品温过高所致。一般熟浆温度控制在 75℃点浆最宜。

以上几方面是北豆腐生产中常见的组织结构质量问题和产生的原因。在生产过程中应对症处理，除了根据经验判断外，还要根据工艺流程和原理进行客观全面的分析，只有这样才能准确找到症结所在。

3. 南豆腐

（1）南豆腐的生产工艺和原理。南豆腐是以大豆为原料，经清杂、浸泡、水洗、磨制、煮浆、点脑、包制、成型等工序制作的豆类制品。其生产原理与北豆腐相同，也是利用大豆蛋白质加热变性后经盐析作用，使变了性的大豆蛋白质更不溶解，从而可使大豆蛋白质的网络结构更稳定，豆浆即转变为豆腐。南豆腐选用的凝固剂是硫酸钙（俗称石膏），它与蛋白质的反应比较缓和，成型后的产品切面十分细腻，含水量高，弹性好。

（2）豆腐组织结构的质量鉴别。制作南豆腐时，凝固剂的添加方式是冲浆法。有的采用豆浆与硫酸钙悬浮液一起冲入容器中的方法，使硫酸钙能与豆浆蛋白质在共同翻动中充分混合。硫酸钙这种凝固剂反应比较缓和，在豆浆翻动逐渐减弱中使蛋白质完全凝成整体。成型后的南豆腐出现组织结构有质量问题的较少，最常出现的问题是豆腐易碎问题。这是由于包制时，豆腐凝胶品温低，凝胶再次聚合后交联程度不稳固，产品韧性不强，易断裂。另一种原因是包制、成型时凝胶受力不足，时间不够，也使凝胶聚合后交联程度不稳固，出现上述问题。因此，南豆腐制作时，应该注意豆腐凝胶品温控制和包制时的力度和时间。

4. 豆制品白货类

豆制品白货类包括豆腐片、豆腐丝、豆腐干等品种，是大豆经清杂、浸泡、水洗、磨制、煮浆、点浆、上脑、压制、成型、卤制等工序制作而成的豆制品。其生产原理与北豆腐基本相同，唯一不同之处就在于后期脱水量比较大，产品质地比较干燥，韧性强。保持产品良好的韧性是产品组织结构质量的关键控制方向。因此，应当特别注意点浆、上脑、压制、成型工序的控制。产品如果出现发糟易碎的现象，原因是点浆温度过低或上脑时豆腐脑破碎过度。一般点浆温度应控制在80～85℃，俗称“热点”。产品压制脱水时应注意受力均匀，之后根据品种规格要求进行切制和卤制。

5. 豆制品油炸类（豆腐泡、炸三角、油豆腐等）

豆制品油炸类食品前期的工艺与豆制品白货类基本相同，其区别在于点浆和油炸两道工序。点浆时豆浆的温度稍低，一般点浆温度应控制在60～65℃，俗称“冷点”。这使蛋白质凝聚的网络结构的结合力较弱，易于抻拉延伸。油炸时由于温度高于100℃，使网络结构间的水分因热汽化而体积膨胀，形成豆腐泡。豆制品油炸类产品常见的组织结构质量问题有：豆腐泡膨胀效果不好，豆腐泡有破口。豆腐泡膨胀效果不好除了以上所说的与点浆温度太高有关以外，还应当注意炸制时油温的控制，其温度一般在140℃左右，如果温度太高会使豆干坯子表面形成的硬膜变厚，拉伸力变小，从而影响内部水蒸气的膨胀，使豆腐泡不能达到要求的体积。豆腐泡经炸制后出现破损，是由于豆干坯子本身有破裂口，经炸制后破裂口膨胀变大，影响产品的形态，因此应注意豆干坯子的选择，及时淘汰破口坯子。

6. 豆制品卤货类

豆制品卤货类品种很多，如圆鸡、花干、素鸡片等。制作豆制品卤货类的豆干坯子有“冷点”坯子，也有“热点”坯子，所以产品的形态各不相同。卤制是对成型的白货类产品或油炸类产品进行进一步的调味和煨制加工，使产品变为口味各异的即食产品。这类产品的组织结构质量主要是由前期工序决定的，因此应掌握好以上各品种的组织结构质量控制方法和原理。

第六章 生产管理

第一节 新产品开发

学习单元1 新产品试验方案的设计

一、学习目标

通过本单元的学习，掌握新产品试验方案设计方法，能够创新产品。

二、相关知识

技师是新产品开发试制阶段的主要操作人员，要根据新产品开发计划，设计可行的试验方案。

1. 试验方案设计概念

试验是在人为控制条件下有目的地进行的一种实践活动。所谓的试验方案设计，就是为了更好地完成研究目的，在试验前审慎做出一个试验实施方案，它要保证试验所得数据适合于统计分析，并能得出有效而客观的结论。

2. 试验方案设计方法

试验是在人为控制条件下有目的地进行的一种实践活动。所谓的试验方案设计，就是为了更好地完成研究目的，在试验前审慎做出一个试验实施方案，它要保证试验所得数据适合于统计分析并能得出有效而客观的结论。

一个试验的基本模型是由输入（处理）、供试体、输出和无法避免的干扰（也是一种输入）等要素组成。输入的变化通过供试体转换为输出的变化，通过对输出的数据分析，得出正确的结论。输入在试验中称为处理，是按设计确定而受人为控制的，如不同配方、不同工艺流程等。供试体在试验中起转换器的作用，它能把各种输入转换为一个或多个不同的可观察到的结果。供试体可能是豆浆、豆腐等，观察的结果可能是产品结构、品质等。输出一般为数量性或可以量化的数据，它在试验中称为试验指标，用以度量输入引起的变化，作为判断结果的依据。

所以一般试验设计包括处理设计、供试体设计和指标设计三部分。

（1）处理设计

处理设计中要解决的问题是确定对结果产生影响的一种或多种因素，处理的确定是从试验因素开始的，试验因素是指在试验中必须加以考察的因素。试验因素通常用大写字母 A，B，C 表示。试验按因素来分可分为单因素试验和多因素试验。单因素试验是指在试验中仅有一个试验因素。试验因素在试验中可以取不同的数量水平和质量水平。在单因素试验中，因素的每一个水平称为一个处理，试验因素有几个水平就相应设计几个处理。如豆奶稳定性试验中，稳定剂是试验因素，稳定剂的添加量 0.1%、0.2%、0.3%等则是这一因素的不同水平，稳定剂这一试验因素用 A 表示，它在试验中的三个水平相应设计三个处理，用 A_1，A_2，A_3 表示。设计这类试验是为了研究在该因素不同水平上试验结果的变化规律。多因素试验是指在试验中考察两个或两个以上试验因素。如二因素试验、三因素试验等。在多因素试验中，每个因素可设若干个水平，各因素不同水平的组合称为处理，处理的数目为各因素水平数量的乘积。设三因素试验中，A 因素有 a 个水平，B 因素有 b 个水平，C 因素有 c 个水平，则处理数为 abc 个。

豆腐凝固三因素试验的处理设计见表 6—1，其目的是了解不同温度、不同加热时间、不同 GDL（葡萄糖酸内酯）浓度对豆腐凝固质量的影响。

试验因素和水平的确定与选择并不是很容易的事，试验设计者应清晰地认识到要研究的问题是什么，所确定的试验因素对所研究的问题是否起关键性作用，每一个试验因素的变化范围是什么，应设置几个水平，

表 6—1　　　豆腐凝固三因素试验的处理设计

A 温度（℃）	B 加热时间（min）	C GDL 浓度（mol/l）	处理号
A$_1$（90）	B$_1$（5）	C$_1$（0.02）	1
		C$_2$（0.06）	2
		C$_3$（0.10）	3
	B$_2$（10）	C$_1$（0.02）	4
		C$_2$（0.06）	5
		C$_3$（0.10）	6
	B$_3$（20）	C$_1$（0.02）	7
		C$_2$（0.06）	8
		C$_3$（0.10）	9
A$_2$（100）	B$_1$（5）	C$_1$（0.02）	10
		C$_2$（0.06）	11
		C$_3$（0.10）	12
	B$_2$（10）	C$_1$（0.02）	13
		C$_2$（0.06）	14
		C$_3$（0.10）	15
	B$_3$(20)	C$_1$（0.02）	16
		C$_2$（0.06）	17
		C$_3$（0.10）	18

这些水平是否能控制到所期望的水平，因素水平的变化能否使试验结果达到所期望的变化，这些变化能否进行很好的测量。这些都关系到研究的问题能否得到客观而满意的答案。因而试验因素和水平的选择应力求简明，水平间的差距须适当，使处理间的效应差异容易表现出来，这是所有试验参与者应认真对待的事情。

（2）供试体设计

供试体在试验中起转换器的作用，它能把各种输入转换为一个或多个不同的可观察到的结果。供试体简单地说就是试验材料，在试验中往往需要一组或多组供试体，因此，就要划分试验单元。试验单元就是指接受某种处理的最小的试验材料的一个独立单位。一个试验单元只能接受一个处理，也只能输出一个结果（一个或多个试验指标）。试验单元是提供处理的一个具有随机误差的观察值的单元，如果试验单元间存在系统性偏差，会导致观察值出现系统误差，使试验得不到正确结论，为了做好试验，必须对试验单元的设置和排列方式进行设计，以避免误差，保证试验的准确度和精确度。设计的基本原理有三个，一是设置重复，试验中同一处理的试验单元的数量，即为重复数，试验中设计重复，可缩小随机误差，增加结论可靠性；二是随机化，试验单元的分配和各个试验进行的次序都是随机确定的；三是局部控制，是将整个试验空间分成若干个各自相对均匀的局部，采用上述设置重复、随机化排列和局部控制三个基本原则来安排试验单元，配合适当的统计方法，就能消除系统误差，减少随机误差可使试验得到客观而可靠的结论。

（3）指标设计

在任何定量的试验中，对处理和试验单元进行了设计，还必须设计出一个或多个试验指标，作为对所研究对象进行定量。试验指标有时很简单，如豆奶稳定性试验中可定试验指标为产生沉淀时间的长短，有的试验指标比较复杂，如研究不同处理对产品内部物质变化的影响，就要对蛋白质含量、脂肪含量、微生物指标等多指标进行测定。指标的恰当与否，事关试验的成败。指标选的不好，可能使试验的工作量大得惊人，也可能使结果说明不了什么问题。所以，找到好的可度量的指标以及测量它的仪器设备，往往使一系列科研问题得到解决。

学习单元 2　新产品的试制及试验数据的整理分析

一、学习目标

通过本单元的学习，能够按照新产品试验方案进行新产品的试制，并能够对试验数据进行分析整理。

二、相关知识

1. 新产品试制

试验方案确定后，可以进行新产品试制试验。新产品试制常分两个步骤：

（1）样品试制。主要是考验产品设计、验证和修改，使产品设计基本定型。

（2）小批试制。主要是考验产品的工艺与设备是否配套，能否利于工业化生产，对产品进行技术和经济的全面检查、评价。小试阶段若发现问题，还需进一步改进设计和工艺，直到工艺与设备相匹配，做到工艺简单，易于操作，生产成本控制到最低，才可进行试生产。

2. 新产品试验数据整理分析

新产品试验过程中要准确记录试验过程和试验数据。如果直接观测或记录，要保证记录准确、清晰，避免出错和偏差，可专门设计一个用于记录的表格。试验记录的真实和准确，是获得准确结论的前提。对原始的试验数据进行整理后进行数据分析，从而获得试验结论。

要在一定的阶段对试验数据进行整理分析，把数据进行整理、简化，然后根据试验目的，选用合适的数据分析方法对数据进行分析。数据分析的方法有很多，如差异性分析方法、模拟函数方法。把数据分析的结果进行归纳，写出报告，报告包括数据分析过程和采用的分析方法、结果，可用加入图表的方法说明得出的结果，然后以分析结果为依据，得出试验结论，并指出结论的应用意义，提出对今后工作的建议。

第二节　生产核算

学习单元 1　生产成本核算

一、学习目标

通过本单元的学习，能够进行生产成本核算。

二、相关知识

1. 制造费用核算

豆制品行业的产品是以大豆为原材料，配用一些调味料等辅料，生产多种产品，以材料消耗定额分配法，计算每个产品的实际成本，以每种产品为一个核算对象。现行会计制度规定：在生产过程中发生的各项生产费用，在“产成本”科目核算，“产成本”科目要按成本核算对象设成本项目，凡能直接计入生产成本项目的费用，要直接计入有关成本核算对象，对凡不能直接计入的各项费用，要先在“制造费用”科目核算。月终时，按规定的分配方法分配，记入有关成本核算对象。

（1）原材料、辅料的分配。产品所耗用的原材料、辅料，平时由车间核算员根据领料单登记在“生产耗用材料记录表”上，并填制“生产日报表”报财计部门，材料库月末要编制材料消耗汇总，附领料单，报财计部门审核无误后，用加权平均法一次计价，其他辅料由于品种多，可不计算耗用数量，直接采用金额分配，分配方法如下：

1）原材料分配公式。公式如下所示：

$$\text{某种产品的定额消耗量}=\text{某种产品实际产量}\times\text{消耗定额}$$

$$\text{分配率}=\frac{\text{原材料实际消耗总量}}{\text{各种产品定额消耗总量之和}}\times 100\%$$

$$\text{某产品实际消耗原材料量}=\text{某产品定额消耗量}\times\text{分配率}$$

$$\text{某种产品实际消耗金额}=\text{某种产品实际消耗量}\times\text{该原料加权平均单价}$$

2）其他辅料分配公式。公式如下所示：

$$\text{某产品消耗定额（金额）}=\text{某产品实际产量}\times\text{某产品消耗定额（金额）}$$

$$\text{分配率}=\frac{\text{实际各种辅料消耗金额}}{\text{各种产品按消耗定额计算之和}}\times 100\%$$

$$\text{某产品实际辅料消耗金额}=\text{某产品辅料金额}\times\text{分配率}$$

（2）燃料、动力费用分配。煤耗定额按实际产量计算，其分配方法与原材料分配方法相同。动力费的分配，采用按实际耗用原材料数量进行分配。公式如下：

$$\text{分配率}=\frac{\text{动力费支出总额}}{\text{各种消耗电力之和}}\times 100\%$$

$$\text{某产品实际耗电金额}=\text{某产品实际消耗原材料}\times\text{分配率}$$

（3）工资及附加费的分配。工资及附加费的分配是根据定额工时求出分配率，然后分配到各个产品中，其方法与辅料的分配方法相同，按照各种产品实用工时或工资及附加费金额进行分配。

（4）制造费用的分配。其分配公式如下：

$$\text{制造费用分配率}=\frac{\text{制造费用}}{\text{各种产品实际耗用工时之和}}\times 100\%$$

$$\text{某产品应分配的制造费用}=\text{某产品实际工时}\times\text{分配率}$$

2. 工业产品成本的计算

（1）月末在产品成本的计算。月末未完工产品的成本，通常采用约当产量法。其计算公式为：

$$\text{单位产品负担数}=\frac{\text{月初在产品实际成本}+\text{本月发生生产费用}}{\text{完工产品产量}+\text{在产品约当产量}}$$

$$\text{月末在产品实际成本}=\text{月末在产品约当产量}\times\text{单位产品负担数}$$

（2）产品成本计算简单法。其计算公式为：

$$\text{产品总成本}=\text{期初在产品成本}+\text{本期生产费用}-\text{副产品成本}-\text{期末在产品成本}$$

$$\text{产品单位成本}=\frac{\text{产品总成本}}{\text{产品产量}}$$

（3）产品成本计算分类法。每类产品的总成本，按售价总额比例计算每种产品的总成本时，其计算公式为：

$$\text{某产品的售价总额}=\text{产量}\times\text{单位售价}$$

$$\text{某产品的总成本}=\frac{\text{某产品的售价总额}}{\text{各种产品售价总额之和}}\times\text{该类产品的总成本}$$

学习单元 2　生产费用控制

一、学习目标

通过本单元的学习，能够进行生产成本管理，加强生产费用控制。

二、相关知识

加强生产成本费用的控制管理，寻求降低成本费用的途径，是企业生产费用管理的重要内容。

1. 负责编制生产成本计划，将指标分解到车间层层落实。

2. 加强生产成本管理，建立健全各项规章制度。

（1）建立定额管理制度。

（2）建立原材料和各项物资计量、收发、保管制度。

（3）建立生产成本原始记录。

（4）正确确定生产成本对象。

（5）正确确定生产成本计算办法。

3. 严格遵守国家规定的生产成本开支的范围，加强对生产费用的审核和控制。

（1）严格遵守国家规定的成本开支范围。

（2）严格划清生产成本开支的界限。

4. 负责计算生产产品成本。

（1）确定成本计算对象。

（2）确定成本计算期。

（3）确定成本项目。

（4）按照成本计算对象正确归集和分配各项费用。

5. 协助有关部门管理产成品和自制半成品，对产成品、在产品和自制半成品要定期盘点。

6. 认真编制成本报表，进行成本分析。

学习单元3　技术指标计算

一、学习目标

通过本单元的学习，能够计算原料利用率、产品出品率和大豆蛋白质利用率。

二、相关知识

1. 原料利用率计算方法

（1）以豆制品中蛋白质含量计算原料利用率。其计算公式为：

$$原料利用率（\%）=\frac{A\times C}{P}\times 100\%$$

式中　C——豆制品中蛋白质百分含量，%；

A——每 100 kg 大豆加工出的产品质量，kg；

P——大豆中蛋白质总量，kg。

例：某厂生产嫩豆腐，投料 1 500 kg，此批原料大豆的蛋白质含量是 36%，生产出嫩豆腐 36 000 块，嫩豆腐每块重 350 g，嫩豆腐中蛋白质含量为 3%，求原料利用率。

解：

$$嫩豆腐原料利用率（\%）=\frac{0.35\times 36\ 000\times 3\%}{1\ 500\times 36\%}\times 100\%=70\%$$

结论：原料利用率为 70%。

（2）以块计算原料利用率。其计算公式为：

$$原料利用率（\%）=\frac{A/D\times C}{P}\times 100\%$$

式中 A——生产出的豆制品总块数；

D——每 kg 豆制品块数；

C——产品中蛋白质含量，%；

P——蛋白质总量，kg。

例：投料 150 kg，此批原料大豆的蛋白质含量是 36%，加工出豆干 3 300块，豆干蛋白质含量 17%，每千克产品 14 块，求原料利用率。

解：

$$豆干原料利用率（\%）=\frac{3\ 300\div 14\times 17\%}{150\times 36\%}\times 100\%=74.2\%$$

结论：原料利用率为 74.2%。

（3）以豆渣蛋白质含量计算原料利用率。其计算公式为：

$$原料利用率（\%）=\frac{P-[L\times(1-M)\times F]}{P}\times 100\%$$

式中 P——大豆蛋白质总重量，kg；

L——豆渣质量，kg；

M——豆渣中水分含量，%；

F——豆渣（干基）中蛋白质含量，%。

例：已知该批投料 100 kg，每 100 kg 大豆蛋白质含量为 36.6 kg，生产后出豆渣 180 kg，豆渣含水率 82%，豆渣（干基）中蛋白质含量为 15%，求原料利用率。

解：

$$原料利用率（\%）=\frac{36.6-[180\times(1-82\%)\times 15\%]}{36.6}\times 100\%=86.7\%$$

结论：原料利用率为 86.7%。

2. 产品出品率的计算方法

（1）以原料利用率计算豆制品出品率。其计算公式为：

$$豆制品出品率（kg/100\ kg 大豆）=\frac{P\times G}{Q}\times 100\%$$

式中 P——每 100 kg 大豆中蛋白质含量，kg；

G——原料利用率，%；

Q——每 100 kg 原料的产品中蛋白质质量，kg。

例：已知该批投料 100 kg，每 100 kg 大豆蛋白质含量为 36.6 kg，原料利用率为 86.7%，生产产品 145 kg，产品蛋白质含量为 17%，求每 100 kg 原料的豆制品出品率。

解：

$$豆制品出品率（\%）=\frac{36.6\times 86.7\%}{145\times 17\%}\times 100\%=128.7\%$$

结论：豆制品出品率为 128.7%，即每 100 kg 大豆可生产豆制品 128.7 kg。

（2）以产品质量计算豆制品出品率。其计算公式为：

$$豆制品出品率（kg/100\ kg 豆）=\frac{A+E}{B}\times 100\%$$

式中 A——产品质量或产品块数×每块质量，kg；

E——切块后边角质量，kg；

B——黄豆质量，kg。

例：投料 150 kg，生产豆制品 185 kg，出边角料 10 kg，求豆制品出品率。

解：

$$豆制品出品率（kg/100\ kg 豆）\frac{185+10}{150}\times 100\%=130\%$$

结论：豆制品出品率为 130%，即每 100 kg 原料出产品 130 kg。

3. 大豆蛋白质利用率计算方法。其计算公式为：

$$大豆蛋白质利用率（\%）=\frac{A\times C}{P}\times 100\%$$

式中 A——产品重量；

C——产品蛋白质含量，%；

P——大豆蛋白质总重量，kg。

例：已知该批投料 100 kg，每 100 kg 大豆蛋白质含量为 36.6 kg，生产产品 145 kg，产品蛋白质含量为 17%，求大豆蛋白质利用率。

解：

$$大豆蛋白质利用率（\%）=\frac{145\times 17\%}{36.6}\times 100\%=67.3\%$$

结论：大豆蛋白质利用率为 67.3%。

第三节　技术管理

学习单元1　企业产品标准编制

一、学习目标

通过本单元的学习，了解国家制定企业标准的法律和法规，掌握制定企业标准的要求，熟悉申报企业标准有关的程序。

二、相关知识

1. 产品标准的制定分类

(1) 国家标准由国务院标准化委员会制定。对需要在全国范围内统一的技术要求，应当制定国家标准。

(2) 行业标准由国家有关行政主管部门制定，并报国务院标准化行政主管部门备案。对没有国家标准而又需要在全国某个行业范围内统一的技术要求，可以制定行业标准。在公布国家标准之后，该行业标准即行废止。

(3) 地方标准由省、自治区、直辖市标准化行政主管部门制定，并报国务院标准化行政主管部门和国务院有关行政主管部门备案。对没有国家标准和行业标准而又需要在省、自治区、直辖市范围内统一的工业产品的安全、卫生要求，可以制定地方标准。在公布国家标准之后，该地方标准即行废止。

(4) 企业标准须报当地政府标准化行政主管部门和有关行政主管部门备案。企业生产的产品没有国家标准和行业标准的，应当制定企业标准，作为组织生产的依据。已有国家标准或者行业标准的，国家鼓励企业制定严于国家标准和行业标准的企业标准，在企业内部适用。法律对标准的制定另有规定的，依照法律的规定执行。

国家标准、行业标准分为强制性标准和推荐性标准。保障人体健康、人身安全、财产安全的标准是强制性标准，其他标准是推荐性标准。

省、自治区、直辖市标准化行政主管部门制定的工业产品的安全、卫生要求的地方标准，在本行政区域是强制性标准。

以下是国家、行业、地方、企业标准管理办法发布的时间。

1)《国家标准管理办法》(1990 年 8 月 24 日国家技术监督局令第 10 号发布)。

2)《行业标准管理办法》(1990 年 8 月 24 日国家技术监督局令第 11 号发布)。

3)《地方标准管理办法》(1990 年 9 月 6 日国家技术监督局令第 15 号发布)。

4)《企业标准化管理办法》(1990 年 8 月 24 日国家技术监督局令第 13 号发布)。

以上 4 个标准管理办法，为现在国家质量技术监督局采用和执行。

2. 企业标准编制内容

根据《企业标准化管理办法》，企业标准有以下几种：企业产品标准，企业生产的产品，没有国家标准、行业标准和地方标准时，制定企业产品标准，为提高产品质量、促进技术进步，制定严于国家标准、行业标准或地方标准的企业产品标准；对国家标准、行业标准的选择或补充的标准；设计、采购、工艺、工装、半成品等方面的技术标准；生产、经营活动中的管理标准和工作标准。

(1) 技术标准。企业技术标准大致概括分为 10 项内容，仅供食品工业企业对照学习参考。作为工业企业还要考虑将工装，制造，专用设备，安装、运行、交付，服务、维修、用后处置等技术标准内容增加进去。

1) 营销、市场。其标准包括：产品建议书，营销、市场调查的信息描述，营销、市场信息交换的接口标准（接口标准包括信息交换双方间的信息需求、信息描述方法和格式等），需方提出的产品标准、技术条件或样品，向需方提供的有关标准、法规、产品说明书、认证文件等。

2) 产品（包括半成品、中间体、自制件等）。其标准包括：产品标准（技术条件），产品内控标准，产品系列型谱，参数系列、参数分档分级标准，产品外形结构尺寸标准，产品型号命名方法标准，产品零部件（自制）标准，半成品、中间体标准，产品标准。

3) 设计、开发。其标准包括：设计参数和技术数据标准，设计计算方法和通用数学模型，设计图样和文件格式标准，设计图样和文件的编制方法，设计文件和图样成套性要求，设计中用于评价产品和工序的试验方法和验收规则，CAD 接口标准。

4）采购。其标准包括：外购产品建议书、技术条件等，外购件、外协件的相关行业或地方标准（采购进货检验标准和检验规则）。

5）工艺。其标准包括：工艺基础标准（术语、符号、代号、分类编码等），工艺文件标准，工艺余量标准，工艺流程，工艺规程，投产前材料、辅助材料和零部件控制标准，特殊工序的工序规程，工时定额和材料定额，CAPP（计算机辅助工艺过程）信息接口标准，工序控制标准。

6）检验、试验。其标准包括：设计样机试验，设计定型试验，产品鉴定试验，产品定型（以上除采用行业、专业通用标准外，企业可作补充或另行制定），采购进货检验，工序检验，最终产品检验，数理统计方法选用（数据处理和解释、验收规则等），CAT（计算机辅助检测）接口标准。

7）检测试验设备、计量器具。其标准包括：检测设备的产品标准、产品说明书、安装使用规程、操作规程、检定规定等，维护保养规程，计量检定规程。

8）包装。其标准包括：包装设计标准，包装工艺标准，包装通用标准，包装材料标准，包装机械、容器标准，包装试验标准，集装箱标准，包装标志标准（以上包装机械、容器标准，包装试验标准，集装箱标准和包装标志标准除采用《全国通用综合性基础标准体系表》内有关内容外，企业可作补充或自行制定），随货文件（产品合格证、使用说明书、装箱清单、随机备件清单、安装图及其他）。

9）贮运。其标准包括：运输装置、装卸、堆码机械技术要求，运输工具（手段）技术要求，防止损坏的搬运要求（尤其对易腐、易燃、易爆物品等），运输和装卸要求（方式、条件等），标志、代码标准，贮存场所要求，贮存环境条件，贮存方式（单放、堆码等），贮存期限，库存品检验程序，仓储自动化管理。

10）环保、安全与职业卫生、劳保、卫生。除采用《全国通用综合性基础标准体系表》内有关标准外，企业可作补充和另行制定。

（2）管理标准。企业管理标准大致概括分为 19 项内容。

1）企业管理信息系统（MIS）标准。其标准包括：MIS 数据库建立要求，MIS 信息实体分类编码及信息字典，MIS 各分系统间的信息接口标准，信息实体描述标准（事物特性表），企业公文格式标准，功能块，程序块。

2）营销、市场。其标准包括：市场调查与预测，合同评审与管理，产品建议书的编制，销售管理。

3）设计、开发。其标准包括：设计计划和目标管理，设计程序，设计方案的编制，设计评审，产品的鉴定管理，销售准备状态的管理，设计更改的控制，设计复审管理，新产品开发管理，技术革新和管理化建议管理，科技成果管理和奖励，技术引进管理。

4）采购。其标准包括：采购计划的编制，订货合同管理，选择合理的供方，质量保证协议管理，验证方法协议管理，质量争端处理，进货控制，库房管理等。

5）生产管理。其标准包括：工艺方案的编制，工艺规程的编制，工艺验证和评定，工序能力验证，工艺改进，工艺装备管理，公共设施环境管理，定置管理，物资可追溯性管理，特殊工序管理，生产记录管理，生产调度，生产综合计划管理，生产统计，生产库房管理。

6）设备管理。其标准包括：设备购置管理，设备控制、维护、保养管理，设备改造、报废管理，设备评级，设备事故管理。

7）产品验收。其标准包括：外购材料外购件检验管理，工序检验管理，成品验证管理，检验报告管理。

8）测量和试验设备管理。其标准包括：测量控制管理，计量检验点网络图管理，计量技术档案管理，计量人员管理。

9）不合格及纠正措施管理。其标准包括：不合理管理，不合格纠正措施管理等。

10）搬运、贮存标志、包装、安装、交付、售后服务管理。其标准包括：搬运管理，贮存管理，标识管理，包装管理，安装管理，交付管理，售后服务管理，市场信息和产品监督管理。

11）科技档案管理。其标准包括：科技档案归档管理，质量文件和记录管理，科技信息管理。

12）人员管理。其标准包括：人员培训，特殊作业、工序、检验、试验人员资格评定，调动人员积极性管理。

13）安全、劳保管理。其标准包括：产品安全和责任管理，安全教育管理，安全检查，安全技术措施管理，事故管理，危险品毒品管理，防火管理，劳保用品使用规定。

14）环保、职业卫生管理。其标准包括：职业卫生管理，“三废”排放与环境监测，卫生文明生产。

15）能源管理。其标准包括：能源消耗统计分析，能源计划编制，能源计量管理，节能技术改造管理，能源定额管理，能源设备及其经济运行评价管理，企业合理用能评价，润滑技术、燃动装置管理，企业能源利用检测管理。

16）质量成本管理。其标准包括：质量成本分类，质量成本的统计和计算，质量成本报告内容和时间的要求，质量成本分析。

17）经营。其标准包括：经营决策信息标准（各种提供决策用的事物特性表），产品决策信息标准，经营效益评价原则和方法。

18）标准化与信息。其标准包括：企业标准体系，企业标准化组织体系，图样和技术引进标准化管理，标准文献情报资料收集和管理规定（可合并到科技情报管理），标准贯彻程序规定，标准化经济效益的评定，科技情报、图书收集、管理和服务规定，计算机辅助技术标准。

19）劳动组织。其标准包括：劳动组织及定员管理，职称评定和考核标准，工人技术等级考核标准。

3. 企业产品标准编制程序、原则及要求

（1）企业编制标准程序

1）调查研究，收集资料。起草单位应针对以下方面进行调查研究和收集资料：标准化对象在本企业以及国内外的现状和发展方向，有关的最新科技成果，生产和工作实践中积累的技术数据、统计资料，国际标准、国外先进标准、技术法规和国内相关标准。

2）起草标准草案（征求意见稿）。对搜集到的资料进行整理、分析、对比、选优，必要时应进行试验验证，然后起草标准草案（征求意见稿）和编制说明。

3）征求意见，形成标准送审稿。将标准草案（征求意见稿）发企业内有关单位（必要时发企业外有关单位，特别是用户）征求意见，对收到的意见逐一分析研究，决定取舍后形成标准送审稿。

4）审查标准，形成标准报批稿。根据标准的复杂程度、涉及面大小，可分别采取会议审查和函审。审查通过后，起草单位应根据审查意见，编写标准报批稿和报批时需呈交的其他文件资料。

5）标准的批准、发布。企业标准由企业法人代表或其授权的主管领导批准，由标准化机构编号、发布。

6）标注的备案。企业产品标准应按各省、自治区、直辖市人民政府的规定备案。

（2）企业标准编制原则。要编制企业标准，应遵循以下 8 项原则。

1）贯彻国家和地方机关的方针、政策、法律、法规，严格执行强制性标准。

2）保证安全、卫生，充分考虑市场需求，保护消费者利益，保护环境。

3）有利于企业技术进步，保证和提高产品质量，改善经营管理，增强经济效益和社会效益。

4）积极采用国际标准。

5）鼓励采用推荐性国家标准、行业标准。

6）有利于合理利用国家资源、能源，推广科学技术成果，有利于产品的通用互换，技术先进、经济合理。

7）有利于对外经济合作和对外贸易。

8）本企业内的企业标准之间应协调一致。

（3）企业标准编制要求

1）应按企业标准规定的范围和内容编制标准。

2）企业标准的代号、编号方法。企业标准的编号应依据国家质量技术监督局颁布的《企业标准化管理办法》，由企业统一规定。其中企业代号，按中央所属企业和地方企业分别由国务院行政主管部门和省、自治区、直辖市政府标准化行政主管部门会同同级有关行政主管部门规定。编号方法如下所示。

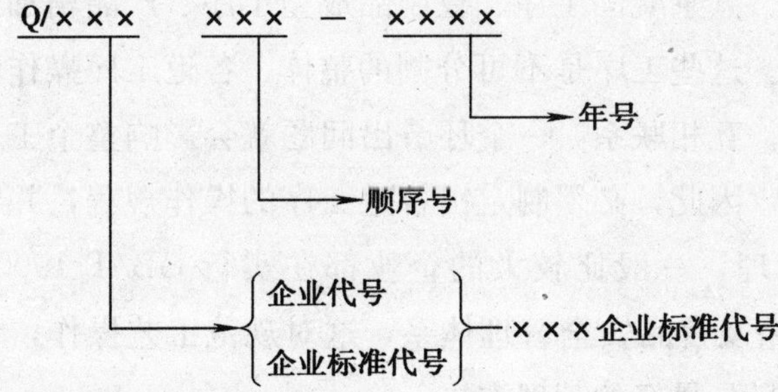

4. 企业标准备案材料

企业标准备案材料包括备案申报文、标准文本、编制说明等。

学习单元 2　生产车间日常技术管理

一、学习目标

通过本单元的学习，能够进行车间技术管理。

二、相关知识

1. 质量检验与化验

（1）质量检验。生产车间日常的质量检验，是指在生产过程的产品与半成品的检验。它分为感官检验和质量检测及称重。

1）感官检验。检验记录的内容包括日期、时间、品名、检验批次号、质量、包装、感官检验项目（外观、色泽、组织结构、味道等）、检验结果、质检员签字等。

2）产品质量最终检验日报表的内容包括产品名称、确认产品质量缺陷内容、检查时间、生产负责人签字、质量检查员签字、质检负责人签字、备注、年月日等。

（2）化验。化验是指在食品生产过程中，应当按照国家的有关规定对生产食品进行检验，提供检验合格的化验单。

化验报告单的内容包括产品名称、生产日期、细菌总数、大肠菌群、水分、粗蛋白质、水溶性蛋白质、含杂率、食盐、浓度、净重、合格判定、结果报告、生产部门负责人签字、检验员签字、质检负责人签字、报告日期等。

2. 工艺操作执行的管理

豆制品生产主要工序有大豆清杂工序、大豆浸泡工序、磨碎工序、浆渣分离工序、煮浆凝固工序、豆制品成型工序、产品精加工工序、包装灭菌工序等。这些工序是不可分割的整体，各道工序操作者要各负其责，层层把关，互相联系，一个环节出问题就会影响整个工序或产品质量，造成浪费。因此，必须制定出各道工序的操作规程，并对执行情况进行严格的管理，一般比较大的企业都在实行 GB/T 19001—2000 和 HACCP 的质量及食品安全管理体系，这对规范工艺操作，保证各工艺环节的工作质量是最好的管理方法。

3. 工艺改进

生产过程管理的基本任务就是在生产活动中，运用组织、计划、控制的职能，把投入生产过程的各种生产要素有机地结合起来，按照经济的方式，满足市场对产品的需求。要引进国际、国内同行食品企业的先进技术，改造原有的技术、设备、工艺等。通过采用新技术、新工艺，不断研发新产品，使企业生产、技术、设备、产品始终处于领先地位。

4. 技术文件的整理归档

企业重要文件资料及各部门接收的重要外来技术文件要及时整理归档。企业技术文件档案工作的基本原则是：集中管理与分散管理相结合，以集中管理为主。

企业技术文件档案由综合管理部集中统一管理，有关部门分类管理相关档案，以便及时利用、维护档案的完整与安全。企业各部门在各项活动中形成具有参考价值的文件、材料，由承办部门、主办人将其已办完的文件、资料及时归档。企业综合管理部门设专业档案工作管理人员，负责全部文书、科技材料档案的收集、整理、鉴定、立卷、保管。

（1）归档技术文件资料。归档技术文件资料包括企业与有关单位的涉及技术来往信件，各种协议、合同，企业重大工艺技术改造的会议记录、纪要、决定，重要的科技文件、技术资料、方案。

（2）技术文件档案的借阅

1）借阅档案要履行借阅手续。借阅档案只限在档案室，不能带出，必须带出档案室查阅的，需经部门负责人及综合管理部负责人批准。

2）借档人不得私自转借、拆卸、调换、污损所借档案，不得在文件上圈点、画线、涂改，不经允许不得复印档案。

3）文件复制需经综合管理部负责人批准。

学习单元 3　生产车间技术改造

一、学习目标

通过本单元的学习，能够选用新工艺和新设备，进行车间生产工艺调整，实施技术改造项目。

二、相关知识

1. 工艺调整、改革和选用新工艺

在实际工作中，对工艺的调整和改革的要求为：在不改变产品的风味、食用性能的基础上，力求工艺上从简；合理流向，减少长距离的往返运输；生产设备的合理布局；能源的最佳使用效果；人员操作的合理性、安全性。使企业在食品生产运动全过程，形成最优的物质运动形态。

2. 选择新型设备

合理地使用设备，根据生产需要和可能条件，有步骤、有重点地进行设备的更新和改造，为采用新工艺、新技术提供条件。其关键在选择新型设备，引进先进国家设备，选择的设备必须与工艺相配套。通过引进国外技术，减少员工的体力劳动，使产品在规格、质量上有大的提高，提高劳动生产率。同时可以赢得时间，提高自身起点。引进技术的方式可分为引进设备、引进技术、合作经营。

3. 实施大型技术改造项目的条件

（1）编制上报本单位年度、季度技术改造项目建议书，经批准后实施。

（2）实施大型技术改造的项目建议书，必须有技术项目的验证、考核、分析和预鉴定资料，一同上报。

（3）技术改造项目应具备提高工效、提高产品质量、节约原材料、改进设备（备件）的作用。

（4）技术改造项目应经过中型试验和应用，并有完整的原始记录、图样资料和技术总结。

（5）技术改造项目中型试验，应有相应的工时定额员、质量管理部门、材料定额员、设备动力部门和使用单位等签署的效果证明。

学习单元4　贯彻 ISO 9001 质量管理体系及 HACCP 体系规定

一、学习目标

通过本单元的学习，掌握质量管理的相关知识。

二、相关知识

1. ISO 9001 质量管理体系及 HACCP 体系的工作程序

ISO 9001 质量管理体系的实施，标志着一个企业的质量管理已与国际标准化接轨；基于 HACCP 的食品安全管理体系的目标是帮助企业关注影响食品安全的危害，并系统地识别和落实关键控制点，安全支持性措施（SSM）是基于 HACCP 的食品安全管理体系的一部分，为企业食品安全生产建立了最为可靠的保证。在贯彻 ISO 9001 和 HACCP 标准的过程中，同时也是在实施《食品卫生法》，二者是整合管理资源，并有机结合的。

（1）ISO 9000 族质量管理体系（QMS）的规定。ISO 9000 族质量管理体系（QMS）是“在质量方面指挥和控制组织的管理体系”。企业根据 ISO 9001：2000 的要求编制文件。对企业质量管理体系的建立、实施和改进提供强制性指令和具体运作的指导，一旦经企业最高管理者签署发布就是企业质量管理的法规。质量是企业的主导因素，是企业素质的综合反映，质量问题不仅仅涉及技术性因素，还更多地涉及人员、财务、市场、顾客、营销等因素，因此实现质量目标是系统活动，为实现企业质量目标，建立、健全 QMS 就成为必要。

1）为实现企业的质量目标，需要建立、健全 QMS 。

2）QMS 是围绕企业质量方针、目标，由组织结构、程序、过程和资源组成的有机体。

3）QMS 是为满足企业内部管理需要而建立、健全的。

（2）QMS 建立和保持的目标

1）保证影响其产品质量的技术、管理和人的因素处于受控状态，并能减少、消除，特别是预防不合格。

2）满足顾客需求和期望，在提供并保持产品质量方面使顾客树立信心，建立信任。

3）获得最大效益，在经营上以最佳成本达到和保持期望的质量。

以上三个目标是对 QMS 的建立、健全，必须站在系统的高度对企业的质量管理进行综合、优化和规范，必须有计划、有效地利用技术、人力和物质资源，必须充分考虑利益、成本、风险对企业和顾客的重要作用。

2. HACCP 体系科学的管理规定

HACCP 体系以科学的管理方式，确定特别的危害和控制措施以保证食品安全。HACCP 的应用可贯穿于初级品的生产到最终产品消费的全部环节，而其应用则需以对人类健康危险的科学证据为指导。HACCP

作为一个评估危害和建立控制系统的手段，针对的是预防而非依赖最终产品的检验。

（1）HACCP 系统的七个原则

1）进行危害分析（HA）。

2）确定各关键控制点（CCP）。

3）建立关键限值。

4）建立一个系统监测，对 CCP 进行控制。

5）在监测提示某一 CCP 失控时，确定应采用的纠正措施。

6）建立验证程序以证实 HACCP 系统在有效地运行。

7）建立有关以上原则、应用方面各项程度和记录的档案。

（2）HACCP 小组实施以 SSM 方案，控制潜在的危害

1）企业完善了各项卫生管理制度，在整个生产过程中，从原材料进厂到成品出厂，在关键环节上严格把关，建立了 HACCP 食品安全控制体系和企业卫生管理制度。HACCP 体系文件可操作性强，是食品企业生产和管理的重要标准。

2）HACCP 安全控制体系是建立在 GMP 和 SSOP 的基础之上，它是根据国际上惯用的危害分析和控制方法，通过确认危害、确定 CCP 点、制定 HACCP 计划监控/纠偏/验证等一系列步骤，达到消除危害或控制到可接受水平的目的。从而切断了危害的源头，保证了食品的安全性。

3）持续的监控记录、验证记录是改进食品质量和卫生的有效保证。其不仅记录了采购、生产、销售等各环节的质量活动结果，而且还记录了食品卫生安全关键控制点的操作值，作为纠偏大的客观依据。企业管理人员应定期对这些记录进行验证，发现问题及时采取措施，必要时对安全体系进行调整和改进。这种过程控制，确保了豆制品安全卫生地进入市场。

根据《中华人民共和国食品卫生法》的有关规定，食品生产经营企业应当健全本单位的食品卫生管理制度，配备专职或兼职食品卫生管理人员，加强对所生产经营食品的检验工作。按照 HACCP 的要求，生产食品的车间、设备、工具、用具、容器等必须符合食品卫生规定，保持良好的环境卫生状况。企业必须先取得卫生部门发放的卫生许可证，才能从事食品生产经营活动。

从事食品生产经营人员每年必须进行健康检查，取得健康证明后方可参加工作。

第四节 三废治理与环保

豆制品生产主要采用大豆作为主要原料，在生产过程中有大量的副产品和废弃物产生，如果不加以合理利用或利用不好，就将成为主要的环境污染源，并且浪费了大量的粮食资源。

豆制品生产过程中产生的三废有：废水，主要来源于泡料废水、压榨产生的黄浆水等；废渣，主要来源于豆渣等；废气，除了用煤企业，一般废气排放应符合国家标准。

学习单元 1 豆制品生产废水治理基础知识

一、学习目标

通过本单元的学习，了解豆制品生产废水治理的基础知识。

二、相关知识

1. 废水基础知识

(1) 水体及水体自净作用

1) 水体。它是河流、湖泊、沼泽、水库、地下水、冰川和海洋等“贮水体”的总称。在环境科学领域中，水体不仅包括水，还包括水中的悬浮物、底泥及水中生物等。

2) 水体自净作用。自然环境包括水体环境对污染物质都具有一定的承受力，即所谓环境容量。水体能够在其环境容量范围内，经过水体的物理、化学、生物的作用，使排入的污染物质的浓度和毒性随着时间的推移在向下游流动的过程中自然降低，称为水体自净作用。也可以简单地说，水体受到废水污染后，逐渐从不洁变清的过程，称为水体自净。

(2) 废水及水体污染

1) 废水。水在循环中，由于使用而丧失了使用价值，于是废弃外排，这种被废弃外排的水称为废水。

2）水体污染。它是指自然水体中的污染物在数量上超过了该物质在水体中的本底含量，超出了水体的自净能力，从而导致水体的物理、化学、生物特征发生不良变化，破坏了水体中固有的生态系统及水体的正常功能。造成水体污染的主要因素是废水的产生及排放。

（3）化学需氧量（COD）与生化需氧量（BOD）

1）化学需氧量（COD）。用强氧化剂——重铬酸钾或高锰酸钾，在酸性条件下，能够将有机物氧化为 H_2O 和 CO_2，此时测出的所消耗的氧化剂的量，称为化学需氧量。它能够比较精确地表示有机物含量，而且测定时间短，不受水质限制，因此多作为废水的污染指标。但它不能直接从卫生角度说明问题。

2）生化需氧量（BOD）。它表示在有氧条件，好氧微生物氧化分解单位体积中有机物所消耗的游离氧的数量，常用单位为毫克/升（mg/L）。这是一种间接表示水中有机物含量的指标，借助微生物，通过微生物代谢作用所消耗的溶解氧量来表示。应注意的是，其所表示的只是部分有机物，不包括难降解和变成残渣的那部分有机物。

在实际工作中，通常测定的生化需氧量指标是在 20℃下，微生物在 5 天内氧化分解有机物的耗氧量，即通常所说的 BOD_5。其值大约为全部有机物分解完全时所耗氧量的 70％。

（4）废水分类

1）按来源分为生活废水和工业废水。前者是人们生活当中排出的废水，主要有洗涤水、冲洗水等；后者是工业生产过程中排出的废水。

2）按化学类别分为无机废水和有机废水。前者主要含无机污染物；后者主要含有机污染物，易于生物降解。豆制品生产废水就是有机废水。

3）废水的危害

①对人体的危害。一是水体受到污染，产生致病微生物，一旦饮用或间接饮用，会引起人体疾病；二是排放的废水本身无毒，但与水体中的某些物质反应后，产生有毒物质，引起人体中毒或致死等。

②对环境卫生的影响。废水中含有的有机物质腐败后产生难闻的气味，使水体出现浑浊、发黑发臭，成为蚊蝇滋生地，危害水质和周围环境。

③腐蚀设备、建筑材料。设备、建筑材料长期处于有机废水中，尽管经常清洗消毒，也难免被腐蚀，尤其是发酵性豆制品废水是高浓度有机废水，造成的腐蚀性更严重一些，这是值得注意的地方。

④其他危害。废水一旦未达到国家标准，控制管理不严，排放到环境中，势必会对林业、农业、渔业产生负面影响。

（5）控制废水污染的基本途径。控制废水污染的基本途径就是降低废水的污染程度和提高接纳水体的自净能力。可以从以下几方面着手：

1）改革生产工艺，压缩排污。从工艺、设备上进行改革，优先选用技术先进、经济合理、无污染或少污染的新工艺、新技术、新设备，从根本上杜绝或降低废水污染。

2）提高废水循环率，降低单位产品排污量。提高废水重复利用率，降低废水单耗指标，减少排污量，不仅可以控制污染，而且可以节约水资源。

3）加强废水处理，回收有用物质。废水必须达到国家排放标准后方可排放，因此需作适当处理。与此同时，应考虑回收其中有用物质，变废为宝，还可减少污水处理的费用。当然，处理方案的选择要从实际出发，必要时可做试验确定。

4）加强管理，减少污染，节约资源。一是生产过程的管理，废水中的污染物多是在生产过程中进入水中的原材料、半成品、成品、工作介质和能源物质，因此，严格控制操作条件、下料标准，采用新的计量技术，加强计量监督，确定能耗标准及单位产品用水量，将有助于废水污染的降低；二是加强环境治理的管理，在有污染的部门、工段建立责任制，做到责任到人、权责分明，加强员工教育培训，调动全员的参与意识，坚决防止企业的跑、冒、滴、漏，减轻废水污染的程度。

2. 豆制品废水产生及处理基础知识

经分析测定，豆制品工业生产废水含有丰富的蛋白质、氨基酸、维生素、糖类、多种微量元素等，是生产饲料、饲料酵母的理想原料。同时，废水也可被厌氧发酵，其中复杂的有机物被降解转化，获得沼气。更重要的是，废水在生产饲料、饲料酵母和沼气的同时，能不同程度地降低污染负荷，给进一步的废水治理（好氧处理）带来方便。

（1）豆制品废水的产生。豆制品废水都是以水作为工业用水和清洗用水的，用水量很大，废水排放量也很大。其产生于以下三个生产阶段：

1）原料清洗工段。大量砂土、杂物、叶、皮等混入废水中，使废水中含有大量的悬浮物。

2）生产工段。原料中很多成分在加工过程中不能全部利用，未利用部分进入废水，使废水含有大量有机物。

3）成型工段。为增加食品的色、香、味，以及产品加工特殊的工艺要求，需使用各种辅料，辅料部分流失进入废水，使废水化学成分复杂。

（2）豆制品废水的特性

1）废水量大小不一。豆制品工业从家庭作业的小规模到各种大中型企业，产品品种繁多，其原料、工艺、规模等差别很大，废水量从数 m^3/d 到数千 m^3/d 不等。对废水量不大的小型作坊，因维护管理方面存在实际困难，希望采用便于维护管理的废水处理设施。

2）生产随季节变化，废水水质水量也随季节变化。因季节关系，原料输入的状况变化会有调整，在某个时期有加工集中情况。此外，由于在一天内只有数小时工作，废水在这个时期也较集中。

3）废水中可生物降解成分多。由于原料来源于自然界有机物质，其废水中的成分也以自然有机物质为主（如蛋白质、氨基酸、糖、淀粉等），不含有毒物质，故生物降解性好，其 BOD_5/COD 比例高达 0.84。

4）废水中含有各种微生物，包括致病微生物，易腐败发臭。

5）高浓度废水多。近几年来，从节约水资源和降低成本的观点出发，推行水利用合理化，在有机物质不变而水量减少和增加有机物质而水量不增加的情况下，这些都会导致废水浓度增高。

6）废水中氮含量高的情况多。在豆制品加工时，从蛋白质中产生氮，使废水中氮的含量增高。

豆制品工业废水本身无毒性，但含有大量可降解的有机物质，废水若不经处理排出，可造成环境污染，危害人畜健康。

（3）豆制品废水危害及处理

1）豆制品工业废水危害。废水若排入水体，要消耗大量的溶解氧，造成水体缺氧，使鱼类和水生生物死亡。废水中的悬浮物沉入河底，在厌氧条件下分解，产生臭气，恶化水质，污染环境。若将废水引入农田进行灌溉，会影响农业果实的食用，并污染地下水源。废水中夹带的有机物质还可成为微生物滋生的温床，导致疾病的传播，直接危害人畜健康，因此，豆制品工业废水必须进行处理。

2）豆制品工业废水处理。废水处理应从厂内着手，主要方法有：采用先进的工艺或更新设备来降低排污；通过加强管理，减少跑、冒、滴、漏；回收废水中的有用物质；开展节约用水；对废水进行清污分流；对污染轻的废水处理后回收利用。对需外排的废水要进行处理，将其中的有害成分转化为无害的物质，使废水净化，达到排放的要求。

3. 非发酵性豆制品生产废水的治理

（1）废水水质水量。非发酵性豆制品生产过程中的废水主要来源于泡豆水、压榨出的黄浆水及生产清洗用水。

1）泡豆残余水一般为豆重的1～1.5倍，即每100 kg大豆经浸泡后有100～150 kg泡豆废水产生，废水产生量随季节、泡豆时间等不同有所变化。泡豆水的COD值很高，约在15 000 mg/L以上，BOD∶COD在0.55～0.65。泡豆废水中主要污染物有水溶性非蛋白质氮，水苏糖、棉子糖等寡聚糖，柠檬酸等有机酸及水溶性维生素、矿物质等，此外，还含有异黄酮等色素类物质，色素类物质会随大豆皮颜色的变化而不同。

2）黄浆水一般为豆重的4.5～5.5倍，即每加工100 kg大豆产生450～550 kg黄浆水，废水产生量随豆腐种类不同而变化。一般北豆腐废水量较少，南豆腐废水量较高。黄浆水的COD值很高，一般在20 000 mg/L以上，BOD∶COD在0.55～0.65，所含污染物成分比泡豆水还复杂，除含有泡豆水所有的成分外，还含有蛋白质（主要是大豆清蛋白质、大豆凝血素、胰蛋白质酶抑制因子）、氨基酸、脂类等，可溶性固形物（SS）含量较高。

在豆腐加工厂里，泡豆水和黄浆水构成高浓度有机废水，总产量为豆重的5.5～7倍，即每加工100 kg大豆产生550～700 kg，COD值超过20 000 mg/L以上的极高浓度的有机废水。

3）豆腐生产清洁用水是指生产场所、工器具等清洗消毒时产生的废水，大约每加工100 kg大豆需水1 000～2 000 kg。视场地、工器具、加工量等的影响，这部分废水变动较大。清洗废水的COD值约在350～550 mg/L，基本污染成分为大豆中有效成分（如清蛋白质、糖类等）、豆渣、清洁剂等。

（2）废水特点。废水的排放相对集中，有机物浓度高，适用于生物法处理，BOD_5与COD之比高达0.6～0.7，除pH值较低外，有毒有害物质很少。

（3）废水处理。国外从20世纪60年代开始研究并应用于工程实践，国内70年代以来也进行了广泛而深入的研究，已有工程投产运行。其中研究和应用最多的是厌氧生物处理，其次是好氧生物处理，对废水中的资源回收利用也有一定的研究。

1）各种厌氧生物处理及处理效果。常用于非发酵性豆制品废水处理的厌氧生物处理工艺有：厌氧滤床（AF）、厌氧流化床（AFB）、上流式厌氧污泥床（UAFB）、折流板反应器（ABR）、两相厌氧处理工艺等。其中，AF工艺处理废水，处理规模变化大，对废水具有良好的去除效果；AFB工艺处理废水，COD的去除效果最好，达90%以上。该工艺对污染物的降解彻底，可溶性固形物（SS）的去除率高，抗pH值冲击能力强，产气率高。

厌氧处理废水时，每去除1 kgCOD可获沼气0.6～0.8 m^3，沼气经处理后可用于发电或作普通燃气，从而回用生物能。

2）好氧处理。好氧生物处理对污染物的去除相当彻底，处理费用经济合理。利用光合细菌（PSB）来处理废水，既可去除污染物，又可回收单细胞蛋白质或H_2等生物能源。

3）厌氧—好氧结合处理。采用厌氧—好氧处理相结合的工艺，废水首段经过厌氧发酵，绝大部分有机污染物被降解去除，部分难降解的大分子物质也被转化成小分子中间产物，当厌氧出水进入好氧段，采用活性污泥法或氧化塘法处理，出水可以达到排放标准。其优点兼顾了以上两种处理的优势。

4. 发酵性豆制品生产废水的治理

（1）废水水质水量。发酵性豆制品生产产生三股高浓度废水，即泡豆水、黄浆水、腌坯水。泡豆水、黄浆水性质与污染物成分与非发酵性豆制品生产废水十分相似。腌坯水水中含有低分子肽、胨及氨基酸、食盐等，其中盐含量十分高，但总的盐分含量不至于毒害微生物。

与非发酵性豆制品生产过程一样，发酵性豆制品生产过程中生产设备、工器具、生产场地、包装容器等的清洗消毒产生大量的低浓度废水。在一天的生产中，随着清洗消毒的对象不同，低浓度废水的COD值变化较大，为800～3 000 mg/L，平均超过1 000 mg/L。其废水中主要含有豆渣、豆皮、大豆清蛋白质、糖、氨基酸，以及来自不同调味料中的有效成分（如红曲、酒、各种香辛料等）。

生产过程中产生的高浓度废水与低浓度废水的水量比大约为 1∶3，视企业生产规模及生产管理情况等因素而有变化。

（2）废水治理

1）废水治理工艺。发酵性豆制品生产废水性质与非发酵性豆制品生产废水较为接近，只是盐分含量大于非发酵性豆制品生产废水，宜采用厌氧—好氧组合生物处理工艺。由于工业化生产废水量远大于小作坊生产废水量，故处理装置较大，且需采取机械暴气。废水可以经混合后，按水解酸化→厌氧消化→好氧生物处理→澄清沉淀的过程进行处理，也可采用将高浓度废水与低浓度废水先分开处理，再混合处理的工艺。

废水分流治理工艺流程如图 6—1 所示。

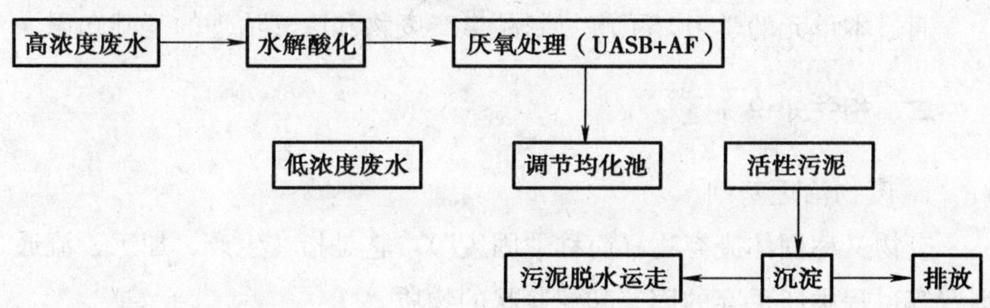

图 6—1 废水分流治理工艺流程

2）治理工艺要素

①排放标准。应按国家废水一级排放标准执行。

②水量。根据工业化企业排放口实测，也可根据小作坊高浓度废水排放比取高值估算，即每加工 100 kg 大豆约排放高浓度废水 700～1 000 kg，低浓度废水可按高浓度废水 2～3 倍估算。

③水解酸化。高浓度废水经专门排放沟通过格栅进入水解酸化池。厌氧废水处理微生物分为两大类群：产酸菌和产气菌，经过水解酸化池，高分子有机物分解为低分子有机酸（主要是乙酸、乳酸等挥发酸）及氨基酸，有利于厌氧处理器工作负荷和效率提高。废水在水解酸化池中的停留时间为 12～14 h。水解酸化池同时起到混合均匀水质和缓冲的作用，稳定厌氧处理器的进水负荷。

④厌氧消化。目前应用较多的废水厌氧消化器为上流式厌氧池——厌氧过滤器（UAFB＋AF）组合装置。该装置的突出优点是运行稳定，

系统负荷高，消化时间短，池内污泥浓度高。该装置有附设的水封装置，能有效收集沼气，并且可根据进水水质、污泥浓度及消化时间变化。消化池产生的沼气可用于系统本身温度的维持，也可作为生活生产用。

⑤好氧消化。其实际上起到缓冲、水解酸化的作用。废水在池内停留时间不宜低于 10 h，一般以 12～14 h 为宜。暴气池的出水 COD 值按国家排放一级标准 100 mg/L 设计。

⑥沉淀。沉淀池使废水澄清并浓缩污泥，使其成为浓缩脱水污泥。浓缩脱水污泥是栽花种草、种植农作物及果菜园的优质有机肥料。

学习单元 2　豆制品废物、废气治理基础知识

一、学习目标

通过本单元的学习，了解豆制品生产废物和废气治理的基础知识。

二、相关知识

1. 废物治理基础

废物又称固体废弃物（简称“固废”），它是指在生产、加工、流通、消费等过程中所丢弃的固态和泥浆状的物质。

废物实际上只是针对原所有者而言。在任何生产或生活过程中，所有者对原料、产品或消费品，往往只使用了其中某些有效成分，而对于原所有者不再具有使用价值的大多数废物中，可能仍含有其他行业或个人所需的成分，可以转变使用或直接使用。因此，废物的概念具有时间性和空间性。

（1）废物的来源。豆制品工业废渣是在生产过程中产生的废气物，主要来源于以下几个方面：

1）原辅料在加工过程中产生的。包括大豆及辅料筛选、破碎后的废弃物，制浆产生的豆渣。

2）包装过程中产生的。豆制品包装时，包装物破损产生的废渣包括玻璃废渣、商标废渣、包装箱废渣等。

3）企业基础建设产生的建筑废渣。

4）用煤企业使用煤炭过程中产生的煤渣、烟道灰、煤粉渣等，使用清洁能源的企业不存在此类废渣。

5）办公管理过程中产生的垃圾等。

这里产生量最大是豆渣、包装物废渣。

（2）废物危害

1）侵占土地，破坏地貌和植被。废物如果不及时清运，需占地存放。堆积量越多，占地量也越多，同时，大量的废物的排放和地面堆积，将严重破坏地貌、植被和自然景观。

2）污染土壤。废物露天存放，长期受风吹、日晒、雨淋，有害成分不断渗入地下并向周围扩散，污染大片土壤（污染面积常达占地面积的2～3 倍），破坏微生物的生存条件，严重的甚至阻止动植物的生长发育。

3）污染水体。废物如在自然或人为的作用下，大量地进入江河等水域，会改变该水域的水质情况，造成水体污染和不良水生生物的生长，严重的会引起大批水生生物鱼类的死亡，破坏该水域的自然环境，妨碍水资源的利用。

4）污染大气。废物中原有的颗粒物或在堆放过程中产生的颗粒物，受日晒、风吹进入大气，造成大气污染。另外，废物在堆放过程中因微生物分解释放的有害气体和臭味等，都将对大气造成不同程度的污染。

5）影响环境卫生，传播疾病。废物的堆存，影响生产、办公、生活环境的卫生状况，导致传染病菌的繁殖，对人体健康构成潜在的威胁。

6）其他危害。除以上危害外，某些废物还可能造成燃烧、接触中毒、腐蚀等特殊危害。

（3）废物治理。就目前来说，豆制品工业对废物管理的措施和控制技术尚在完善和发展中，现主要通过以下的对策和途径进行废物治理。

1）强化管理，实行严格的控制。法律法规是强化管理标准和依据强有力的手段。一些豆制品企业已经进行或正在进行 ISO 14001 环境体系的认证工作，通过建立标准化的管理，更好地进行本企业的环境控制，保护环境，创造良好的生产、办公环境，促进企业的发展。

2）实行资源化，开展综合利用。通过改革生产工艺，改造生产设备，加强员工环保教育培训，创造并使用先进的低废技术，以及一次废物的再利用等，将大幅减少废物的产生，同时可有效利用资源。

3）实行无害化。由于技术水平的限制，总有一部分废物无法或不可能利用。目前，有的豆制品企业积极地与科研机构合作，开发研究对其予以妥善处理使之无害化的措施，避免造成环境污染。

多年来，很多豆制品企业限于投资、能耗、管理等原因，尚未将废渣水很好地利用，或正在筹建废渣水利用工程。尽管如此，豆制品工业的综合利用，已在合理利用原料及将废渣水生产饲料、饲料酵母两大方面取得一些进展。

2. 废气治理基础

(1) 废气的来源

1) 化学反应中产生的副反应和反应进行不完全。

2) 产品加工、使用过程。

3) 工艺不完善，生产过程不稳定，产生不合格的产品。

4) 生产设备陈旧落后或设计不合理，造成物料的跑、冒、滴、漏。

5) 因操作、指挥、管理等松懈造成的废气排放。

6) 生产过程中排放的废气等。

豆制品生产所产生的废气主要来源于使用能源和生产过程中产生的废气。

(2) 废气中的污染物。豆制品生产用煤作为能源，会产生煤尘，主要集中在冬季供气、供暖；在生产过程中，会产生粉尘和气态污染物；废水处理过程中，消化不彻底会产生少量的含硫化合物。由于工业化企业能够按照国家有关法律法规认真执行，个别大中型企业进行了 ISO 14001 环境体系认证工作，其排放量可以说是符合国家标准的，至于小型作坊，应加强环保的教育培训，逐步采取各项环保措施，达到国家的有关规定。

根据豆制品生产产生的废气，按照污染物质存在状态，可将其分为颗粒污染物和气态污染物两类。

1) 颗粒污染物。其又称为气溶胶污染物，它是指气体与悬浮于其中的固体微粒或液滴组成的体系。按物理性质主要有以下几种：

第一种为粉尘，指悬浮于气体中的细小固体粒子，其粒径一般小于 75 μm。通常是原料破碎、研磨过程中，设备维修进行电气焊操作时，以及用煤作为能源燃烧过程中产生的。

第二种为煤尘，指燃烧过程中未被燃烧的煤粉尘。

2) 气态污染物。豆制品生产过程中一般不会产生大量的废气，用煤企业只是在冬季供气、供暖过程中会产生。采用清洁能源供气、供暖的企业，其排放量是符合国家标准的，对大气环境的危害远比用煤企业小。

另外，在废水处理过程中，消化不彻底也会产生少量的气态化合物。

气态污染物按对大气环境造成危害程度的大小，包括以下几种类型：含硫污染物，主要指 H_2S、SO_2 等；含氮化合物，主要是 NO_2、NO 等；碳氧化合物，主要是 CO_2、CO 等。

（3）废气危害。废气排入大气，必然使大气环境质量下降，危害人体健康，造成经济损失。这种危害和损失的程度决定于废气的性质、浓度、滞留时间。其危害表现在以下几个方面：

1）对人体健康的危害。在废气直接或间接的长期作用下，会使人体患上呼吸道疾病，出现生理机能障碍，严重者可能患上癌症。

2）企业成本费用的增加。废气中的污染物腐蚀厂房、设备，加大了员工的清扫、洗涤时间，无形中增加了企业的生产成本和人工成本。

3）对环境的危害。对企业周边的植物和土壤造成危害，严重的还可殃及、改变企业周边的大气环境。

（4）废气治理。豆制品企业应严格执行《环境保护法》及有关条例，做到有法可依、有法必依、执法必严、违法必究，严格执行国家有关标准，严控废气的达标排放，保护企业员工及周边人群的健康。

1）合理制定和调整生产布局。做到生产区与生活区、生产洁净区与非洁净区的分离，避免在下风口建设生活区、生产洁净区。同时，开展新建、扩建、改建项目的环境影响评价体系，贯彻执行“以新革老、总量减少”的方针，即新建项目增加的排污量，要采取措施，消减老污染源来加以抵消，做到增产不增污或增产减污。

2）开发使用清洁能源。使用清洁能源是减少生产中因燃料燃烧、供热等工序而产生的废气，防治大气污染的根本途径之一。利用煤炭燃烧供气、供暖，不可避免地要向大气排放污染物，如能根据当地情况，开发利用水力、风力、太阳能、地热能等无污染的新能源，就可大大减少废气的排放。采用石油、天然气等能源，其污染物的排放量远比用煤少，但需考虑生产成本问题。

3）利用大气自净能力，废气高空排放。如果从全球性污染考虑，此方法不是防治大气污染的根本性措施，但对于经济条件有限，又可以使用煤炭的企业来说，经济上是合理的。但要注意一个重要的问题——烟囱群效应，在制定排放标准时要考虑进去。

4）利用自然条件进行废气净化。在厂区种植可吸收废气的植物来进行废气净化，是一项经济合理的措施，在美化环境的同时，还可达到满足员工娱乐休息的目的。

三废的治理是一项长期的工作，需要每一个豆制品企业重视并付诸实施，与社会形成合力，才能推动企业从根本上合理治理三废。

第七章 培训指导

第一节 技术总结及论文写作方法

学习单元1 编写技术总结

一、学习目标

通过本单元的学习，能够编写技术总结。

二、相关知识

1. 技术总结的概念及其写作要求

技术总结是在广泛收集资料的基础上，从技术方案、技术规定、作业方法、完成质量，以及理论与实践相结合等方面，对生产作业项目认真加以分析研究，以衡量生产作业完成情况，并找出经验和结论，从而更好地指导生产的一种实用性文体。因此，它不能与一般的工作总结互相混淆或彼此代替。

编写技术总结时，应力求内容的准确、完整和系统，文字、图标必须简练醒目，装饰清晰美观。

2. 技术总结的作用

编写技术总结的作用在于：

（1）进一步整理已完成的作业，使其更加完备、准确和系统化。

（2）对成果和各项资料给以鉴定和说明，便于各有关部门可靠地利用。

（3）为生产和研究提供数据和资料。

（4）通过实践总结经验，进一步提高作业的技术和理论水平。

3. 技术总结的内容

（1）一般部分

1）简述生产作业区情况和作业过程。

2）作业计划和工作组织情况。

3）作业的技术依据（包括作业指导书、工艺规范、细则、图示及其有关的补充规定和技术指示等）。

4）作业中所遇到的困难和采取的措施。

5）作业完成情况。

（2）专门部分

1）完成的作业项目和数量。

2）所用的生产设备、监视和测量装置情况。

3）作业方法（着重详细写出新技术和新方法）。

4）使用数据情况。

5）完成的质量情况。

6）作业经验。

7）成果资料中存在的问题。

（3）附图附表部分。其中应包括必要的分析统计图表和其他有关数据等。

4. 技术总结的资料依据

编写技术总结应以下列各项资料为依据：

（1）技术设计书和生产作业的技术依据。

（2）技术检查材料、验收书和工作总结。

（3）完成作业的设计图。

（4）必要的计算资料和数据。

（5）其他有关资料。

5. 编写技术总结的程序方法

编写技术总结，一般来说，应遵循以下程序方法：

（1）广泛收集资料，包括经过验证或确认的作业文件、技术文件、设计图，以及各种详尽的数据资料等。

（2）根据技术总结的目标要求，对收集的数据资料进行筛选，没有经过充分确认或验证的资料应尽量摒弃。

（3）对数据资料加以分析综合。

（4）依据综合材料写作提纲，定出初稿。

（5）组织相关人员对初稿进行讨论，根据讨论意见进行修改。

（6）必要时，进行多次讨论和修改。

（7）确定成稿，报送相关单位或部门。

6. 技术总结的格式

技术总结一律用16开纸横行打印（附图附表应折叠成同样大小），要求字体清楚，校对无误，以利长期使用和保存。各种技术总结必须装订成册。技术总结一般复制四份，一份随成果上交，一份报主管业务机关，一份报省（区）管理机构，一份自存。

学习单元2　编写专业论文

一、学习目标

通过本单元的学习，能够编写专业论文。

二、相关知识

1. 技师专业论文的基本概念

技师专业论文是在培训学习期间必须按规定独立完成的文字作业，据此衡量其实际综合工作能力和特殊的高端技术水平。在技师申报评定时也需要提交技师专业论文。技师专业论文属于综合实用性文章，它反映的必须是技师所在本职业（工种）范围内的各种技术或业务问题。

（1）撰写目的。通过专业论文的筹划和撰写，使技师申请者养成严谨的治学态度和工作作风，强化对于技术研究的总结和专业论文写作规范的训练，树立科学思维，掌握有关方法，发展创造性思维和创新意识，检验综合运用所学基础理论知识、专业知识和基本技能，分析和解决本专业范围内各种实际问题的能力。

（2）分类。一般把技师专业论文分为专题型、论辩型、综述型和综合型四种类型。豆制品技师专业论文多为专题型论文。此外，按议论的性质不同，技师专业论文还可分为立论论文和驳论论文。立论性的技师专业论文是从正面阐述，论证自己的观点和主张；驳论性论文是通过批驳某些错误的理论、观点和见解，驳斥别人的论点来树立自己的论点。

2. 写作方法

技师专业论文的写作应遵循选题→文献与资料的收集、整理→写作的步骤。

（1）选题

1）基本原则

①准确恰当。论文的选题要确实是生产实践中有待解决的问题。

②提高创新。要求论及的问题提得深刻，解决这个问题对生产实践和科学理论有一定的价值，或是理论研究中需要解决的问题。

③可行实用。论题的选择必须从技师申请者的自身条件出发，选择适当的题目。

2）方法

①选择能够发挥本人特长的论题。技师申请者在长期的工作实践中积累了丰富的经验，在理论与实践紧密结合的基础上，可以形成自己一整套具有独到之处的技术特长，对本专业具有较深的造诣。因此，技师申请者应从个人的专业特长入手，抓住实际技术和业务的新技术、新工艺、新方法的发展和应用，加以研究，这样，就不难写出应用性专业论文。

②选择本专业具有突破性的论题。技师长期在生产一线工作，对于生产实践中出现问题最多的地方，往往孕育着技术和理论的突破，如果敏锐地抓住了关键之处，加以研究，就能形成应用性极强的专业论文，指导生产实践。

③选择本专业具有普遍性的论题。所谓普遍性就是指论文要言之有物，在生产实践中有广泛的用武之地，能够有效地指导工作实践。

（2）文献与资料的收集、整理。选题过后就要通过各种途径和方法，搜集与撰写技师论文有关的各方面材料。搜集的过程为：查阅相关资料，确定课题所属专业范围与选题符合性，并对所选资料进行整理、归纳。

资料查询中应注意资料查询的广度和深度，文献资料要真实可靠。学术论文材料的准备，一方面来源于文献资料，另一方面来自于研究者的实践活动，即试验数据，试验是研究者借助专用的仪器和设备，对研究对象进行人为控制，在所设定的条件下进行观察和研究，从而获得真实的数据。没有观察和试验，就不可能有新发现、新成果。这才是科学研究的真正意义所在。

此外，应从自己的选题出发，通过略读、选读、研读等方法对所得材料进行分类整理，分析与鉴别，把那些可供研究使用的有价值的材料选择出来，并按照一定规律排列储存，供研究和写作过程中使用。材料的选择其实是对材料的进一步加工提炼，以保证材料的科学性、丰富性和与课题研究的适应性。

(3) 写作。技师论文一般由封面、题目（副题目）、目录、内容提要、关键词、正文、参考书目及作者信息和签名等构成。

1）封面包含技师专业论文的主要信息，一般由下列内容组成：

①职业（工种）。

②题目。即技师专业论文题目，必要时可加副题目。

③申请者姓名和身份证号。身份证号按标准 18 位填写。

④申请鉴定考评等级。

⑤准考证编号。

⑥培训单位。

⑦鉴定单位。

⑧论文完成日期。

2）题目。包括主题目和副题目。题目是技师申请者给自己所写的专业论文取的名字。它应是能恰当地向读者表达论文的特定内容和反映研究深度和广度的高度、精练的文字概括。题目必须与内容相吻合，一般不宜超过 20 个字。题目中一般不宜使用标点符号，也不能用所从事的职业（工种）或研究的学科和分支学科的名称作题目。

3）目录。技师专业论文一般采用两级目录，相当于书籍的章、节，必要时也可安排三级目录。它放在专业论文主体的前面，起到论文导读的作用。

4）内容提要。用于简要介绍论文的主要论点和揭示研究成果。

①基本内容。基本内容包括论述目的、论述对象、研究方法、研究结果、基本结论和所研究问题的适用范围及所起作用等。其中，论述对象与研究结果是每篇内容提要都必须涉及的内容，其他方面则可按技师

专业论文的具体情况，灵活掌握。

②注意事项。撰写内容提要时要遵守国际标准化组织和我国国家标准有关规定，不要在内容提要中引用图表、公式、化学结构式和参考文献的序号等。注意内容提要与前言在论文中所起的作用是完全不同的，在内容上要有所区别，避免与前言中的词出现明显的重复。撰写内容的字数一般控制在200～300字。

5）关键词。指从技师专业论文的题目、正文和内容提要中精选出来的，能够表示论文主题内容特征、具有实质意义和未经规范处理的自然语言词汇。一般要求在技师专业论文的内容提要后附3～5条关键词。

6）论文主体。它一般由引言、正文和结论三个部分构成。其要求是论点突出、层次分明、用词准确、合乎逻辑。

①引言。它是向读者介绍技师专业论文的背景和基本内容。引言不能与技师专业论文的内容提要雷同。在评价自己的工作成果时，如未经有关权威部门的认定，不能随意使用诸如达到了国内外先进水平、处于领先地位或填补了该领域的空白等类似的提法。

引言内容包括论题的起因和背景，论文的主要观点和论述的目的，论题所涉及的规模或范围，写作所依据的资料来源、性质和运用情况，论文结构和简要内容，新概念和新术语的定义。

②正文。它是技师专业论文的核心部分，其文字最多。正文部分的任务是提出问题、分析问题和在某种程度上解决问题，它是技师申请者技术水平、理论水平和创造性工作的具体体现。

③结论。它是技师专业论文的总结、回顾和提高。在措辞方面禁止使用“可能”“也许”等模棱两可的词句，注意首尾呼应。结论中还可包括技师申请者的建议，如改进的方向、尚需解决的问题等。

7）参考文献。列出参考文献的目的是：可使专业论文答辩委员会的高级考评员了解技师申请者掌握资料的广度和深度，作为审查技师专业论文的重要参考依据；可使技师申请者本人在发现引文有差错时，便于查找勘误；便于研究同类问题的读者查阅相关的资料。

列出的参考文献一般包括：书名（篇名）、作者、出版社、出版年份、期号等。例如：张惟广主编，《发酵食品工艺学》，中国轻工业出版社，2004年版。

3. 实操型技师专业论文的基本写法

实操型技师专业论文主要表述技师申请者针对具体的技术对象，如何运用新的原理、新的材料、新的设备和工艺方法，将实际操作性工作引向更高层次的见解。它既是对前人或他人已有的实际操作规律和成果的总结和深化，又是进一步对技术对象的某些更高层次的性质和规律的认识。这也是技师申请者最常采用的技师专业论文的写作方法。

（1）论文特点

1）实用性。实用性是实操型技师专业论文最本质的特点。实操型技师专业论文中应对实际操作中的方法、程序、数据进行认真核实、反复验证，形成经得起推敲的科学理论。

2）创见性。实操型技师专业论文也应以阐述作者的科学见解为目的，而不是实际操作过程的简单罗列，必须有个人独到的见解，具有一定的独创性。包括对技术对象整个实际操作的程序、方法、数据结果等详细具体的内容都应有自己的观点。

（2）内容结构

1）引言。要求交代清楚此项实际操作的原因、目的和意义。其具体内容一般包括：实际操作的具体内容，提出该项实际操作的起因和背景，此项实际操作的实际意义，此项操作的理论基础、实践基础、预期目标，此项实际操作的历史和现状，此项实际操作的范围、使用的设备、方法及最终取得的结果等。引言要求言简意赅，重点突出，条理清晰。

2）正文

①实际操作对象的技术原理。简要说明实际操作对象的工作原理、实际操作所依据的基本原理、实际操作程序、调试和管理方法等。

②实际操作的典型技术对象。这是实操型技师专业论文的核心内容。从其应用背景、技术特点和实际操作方法等方面加以论述。论述的要求为：第一，对于已有的材料、设备和传统的工艺方法只需简单提及，并指出可以参照的文献即可；第二，如果是技术改造、技术创新的内容或者采用新的操作方法和物质手段，就应当详细叙述，包括详细说明技术改造和技术创新所用的整个技术装置的基本情况、原材料规格、性能、测试手段和操作过程等。

3）实际操作基本步骤。在这一部分里，主要说明制定的实际操作方案、选择的实际操作性的技术路线、具体的操作步骤，以及实际操作过程中各种条件的变化因素及其依据等。通常叙述那些主要的、关键的、非常规的技术装置及操作方法，从而使实际操作结果所表现的规律性和实际意义更加鲜明。

若采用典型的、通用的实际操作方法，只要说明方法的类型和适用范围即可，不必详述其实际操作过程。如果实际操作方法、程序有变动，则要详细阐明原因。

阐述操作方法和程序时，要抓住主要矛盾，从错综复杂的事物中理顺次序，按其发展变化的规律来叙述，并注意所述实际操作程序的科学合理性和逻辑连贯性。整个过程必须严谨、周密。

4）分析与讨论

第一，分析与讨论不能脱离科学的基本原理或概念。

第二，因为从事的实际操作不是对前人的简单重复，因此要按照自己操作的实际手段与过程加以讨论，突出介绍在实际操作中的新发明和与众不同的新发现，并通过分析说明新发现的内在必然性或偶然性。

第三，对于没有解决的问题要实事求是地说明，并提出进一步探讨的建议。力求条理清楚，避免杂乱无章和混乱不清。

（3）结论。这一部分主要总结从实际操作性技术工作中归纳、概括出来的独到的见解和创造性成果，它是全篇专业论文的精华。做结论时要突出核心，强调重点。用词要客观恰当，既不能含糊其辞，又不宜过于夸张和绝对化，不能只是简单复述前面章节的某些探讨结果，其文字要准确、精练，紧扣论文的主题，同时也要与引言呼应一致，才能有较强的说服力。

4. 理论型技师专业论文的基本写法

理论型技师专业论文，是指在各职业（工种）中针对本专业范围内的某一问题，通过严密的理论推导和分析，将实际工作中的具体的、感性的认识上升到具有普遍性的理性认识，提出自己独到的观点和见解的理论性论文。因此，它比实操型技师专业论文撰写难度大，其所占比重较小。

（1）常见的文种

1）在本职业（工种）所涉及的专业基础理论、专门知识和基本技能的基础上，从一个全新的视角或采用新的思维和方法，重新分析论证某一概念、定义、定理等。

2）通过长期的实践和研究，发现本职业（工种）或学科专业范围内的某一理论、定理的局限性，重新进行推导和论证。

3）进一步拓展本职业（工种）专业范围内的某一力量、原理、定理在实践中的具体运用范围。

4）在实验、观测、调研所搜集的资料的基础上，通过对这些资料进行分析、归纳和推理等，提出新的见解和新的理论。

（2）内容结构。理论型技师专业论文同样也是由引言、正文和结论三部分构成。

1）引言。主要内容有：第一，论文所研究课题的起因和背景；第二，论述本论题的实际意义、主要目的及其价值；第三，本论题当前的发展概况和前景；第四，简要说明本论题研究工作在开展过程中的基本设想和主要过程等。

2）正文。充分展开论题，进行分析论证。其结构形式与实操型技师专业论文相似。

3）结论。它是理论性技师专业论文从总体上所做的最终总结，是对论题解决的问题、发现的规律、得出的结论与创见等进行阐述，并对这些成果作出恰当的客观评价。

（3）撰写要求

1）善于发现和提出问题。发现问题的过程可归纳为下面几种类型：第一，发现的问题是前人没有察觉到的；第二，发现的问题虽然已有前人发现但却没能恰当的把握和准确的提出；第三，提出的问题虽然前人已经提出，甚至已在某种程度上予以解决，而技师申请者再次提出的目的是要将这些问题从一个全新的角度，采用新的方法证明和解决它们。

2）注意表述的规范化。除文字之外，还需要大量使用公式、表格、图像、定理、定律等非自然语言（人工语言）符号系统表述。

5. 报告型技师专业论文的基本写法

报告型技师专业论文，是在本职业（工种）的范围内，技师申请者综合运用所掌握的专业基础理论、专门知识和基本技能，对某项课题进行研究后所写出的书面报告。它属于科学技术报告的范畴，具有以下功能：第一，陈述某一项科学技术研究的结果或进展情况；第二，对一项技术试验结果的报告；第三，对某一科学技术项目的发展和现状作出评述性的报告。

（1）内容结构。报告型技师专业论文一般也是由引言、正文和结论三部分构成。

（2）种类

1）技术工作总结报告。指在某一技术工作完成后，对其全面情况进行总结的书面报告。它的正文部分主要有以下内容：

①对技术对象的基本原理作概括说明。

②该技术对象的特点、优点，与同类项目的主要区别。

③说明技术对象预期指标的完成情况。

④对该技术对象取得的实质性成果给予总的分析与综合评价。

⑤对该技术对象的经济效益、社会效益和环境效益作出基本评价。

⑥检查技术对象在实际工作中存在的问题，提出切实可行的改进措施或改进方法。

⑦对该技术对象所达到的科学技术水平的科学性、先进性和实用性给予认定。

2）技术改造和工作革新报告。指陈述某一研究课题、革新实验的进展情况的书面报告。

①引言。回顾技术改造和工作革新的情况，说明课题的起因和背景、全过程的时间范围、预期的目的和量化的指标。

②正文。要详细、具体、如实地表述和分析当前技术改造和工作革新的进展情况。对已取得的成果作出恰当的估计和正确的评价，对存在的问题应据实陈述，并作出相应的分析，提出解决方案。

③结论。对照技术改造和革新计划任务书，确定工作的实际进展情况，对任务书中不切实际的部分进行补充和完善，以指导下一步工作顺利进行。

最后，应对技术改造和工作革新的科学性、先进性和实用性作出客观的基本评价。

3）科学技术考察报告。指根据社会实践的需要和预期的目的，运用调查手段对某一职业（工种）所涉及的科学技术领域进行探索后写出的书面报告。

①引言。说明考察的起因和所要达到的目的，并对考察的具体对象、考察概况、考察结果作出简要介绍和总体的评价等。

②正文。要对考察的范围、考察的全过程、考察中采用的方法、存在的问题和考察结果等进行详尽如实的表述。在此基础上，经过整理、鉴别、分析、综合及归纳后，作出进一步的结论。

③结论。对考察的结果及其在研究工作中所能起到的作用进行实事求是的评价。

④撰写要求。文体要精练、简洁和流畅；必须以确凿的事实为依据，用事实阐明道理，不可遗漏有价值的事实；可大量使用规范的专业术语、图形、表格和公式进行表述；为精简正文的篇幅，可将正文中各种资料、数据、图表、公式推导等放入附录或附件中。

6. 评述型技师专业论文的基本写法

评述型技师专业论文，是从事各职业（工种）的实际工作者根据所掌握的本专业的基本原理、基础知识和国家的各种相关政策，对特定领域里的某一职业（工种）、专业或技术对象的研究成果以及科学技术发展动向进行综合性评述的论文形式。

(1) 引言。主要使读者阅读正文之前，了解评述对象的基本情况、资料来源和构成情况等，简单表述评述的目的、意义、基本内容、使用对象和范围等。

(2) 正文。按时间顺序介绍本课题在各个不同发展阶段的情况，在介绍情况时要充分展开表述课题的不同方面，包括有关本课题的各种看法、论点、成就和存在哪些未解决的问题等。对课题的现状进行分析，对该领域的未来发展趋势作出预测和展望。预测可从三方面进行：预测该领域今后将发生何种重大变化，这些变化是由自身内部的哪些突破性进展所促成的；预测该领域与其他学科或专业之间的相互影响与效益预测，其他学科或专业的某种创新会引起该领域的哪些变革；预测本职业（工种）在今后的发展中将可能产生的新问题，以便为可能遇到的难题做好准备，或制定可能的解决方案。

(3) 结论。评述型技师专业论文的结论部分只需对正文中不够明确、集中或未尽之言部分进行补充论述，不必重复说明引言或正文中已论述的内容。

第二节　生产现场培训和生产实习教学

学习单元 1　生产现场培训

一、学习目标

通过本单元的学习，能够进行生产现场培训。

二、相关知识

1. 生产现场培训概述

员工培训是指企业对员工进行有目的、有计划、有组织的培养、训练和学习，以提高员工的知识技能，改善员工的工作态度，激发员工的创意，使员工能胜任本职工作。培训的目的是提高员工的思想觉悟和知识能力水平，使员工获得目前工作及未来所需的知识和能力。

培训的分类经常以培训发生的地点为标准，分为现场培训与非现场培训。对于生产企业来说，传授操作技能和工艺规范往往采取生产现场培训的方式较为适宜。生产企业培训地点的选择要受到培训类型的影响（如基础知识、技术、人际交往、概念形成），同时还要考虑成本与时间等因素。

一般来说，生产现场培训又分为在岗培训和非在岗培训。在岗培训一般由企业内部施行。生产企业经常使用在岗培训法，因为这种方法可以使员工学到“手把手”传授的工作经验，有利于学习的转化过程，也有利于企业工作流程的连续进行。

2. 生产现场培训的方法

生产现场培训的具体方法有：

（1）生产工作指导培训法。工作指导培训作为一种指导方法，适合于对白领阶层、蓝领阶层以及技术人员进行现场技术培训指导。工作指导培训法由 4 个步骤组成：

1）为培训者与受训者慎重选择和准备培训内容。

2）培训者为受训者详细解释要做的工作并作示范。

3）受训者上岗操作试验。

4）在培训者与受训者之间进行充分的信息反馈，讨论受训者的工作表现以及工作需求情况。

豆制品生产企业在雇用技术性的职业工人时，采用学徒式培训是一种很有效的方法。这种方法基本上为大多数的技术性岗位所采用。为了使培训更有效，在学徒式培训过程中必须将在岗培训和非在岗培训很好地结合运用，充分考虑学员在学习速度与能力上的个体差异，同时，培训方案必须设计得富有弹性和适应性，以满足劳动力市场的需求。

（2）生产实习培训法。生产实习培训是一种正规性与集中性都比不上学徒式培训的方法。生产实习往往是生产企业与高校或专科学员达成协议而进行。与学徒制一样，在培训中，学员可充分了解企业的组织状况和工作细则。参加过实习的学员在将课堂上所学的知识运用到实践中时，很明显地要比那些没有参加过培训的学员掌握得快得多。

（3）协助培训法。协助培训相当于全职工作，但它可以使员工了解更广泛的工作领域。但是，由于在培训中学员只能充当协助别的工人的角色，因此学到的工作经验也是辅佐性的。这个缺陷可以通过工作轮换或职位轮换来解决。

（4）工作轮换法。工作轮换的主要目的是让员工了解并掌握各种不同的工作和决策情境。就这一点来说，工作轮换确实为员工提供了足够的机会，但这种培训有其自身的局限性。因为员工在每一个工作岗位上停留太短，所学不精，同时，员工认识到他目前的环境是临时性的，不久就会换到别的岗位上，这样他们就不可能在工作上很卖力气。

3. 操作人员培训的内容

对于生产企业而言，操作培训是现场培训的一种很重要的方式。对操作人员的培训包括以下几方面的内容：

（1）全面质量控制（TQC）。

（2）5S管理。

（3）生产作业指导书。

（4）工艺技术规范。

（5）减少浪费。

（6）设备操作与一般保养。

（7）产品知识。

（8）安全与事故预防。

4. 现场“5S”管理

良好的作业、办公环境可以降低生产成本，提高产品质量，提升企业的竞争能力。改善作业办公环境现场应用较多的是“5S”方法。

“5S”是在日本广受推崇的一套管理方法，同时，在我国的食品生产企业应用较多，对企业的现场管理有很多借鉴与启示。“5S”管理目前已成为对食品企业操作人员进行现场培训必不可少的重要内容。因此，有必要理解“5S”的基本含义。

“5S”包括整理、整顿、清扫、清洁、素养等5项内容。由于它们在日文的罗马发音中，均以“S”为开头，故简称“5S”。

（1）整理。将工作场所内的物品分类，区分要与不要的物品，并把不要的物品坚决清理掉，这是提高生产效率的开始。其目的是为了腾出更大的空间，防止物品混用、误用，创造一个干净的工作场所。

（2）整顿。将必要的物品以最容易找到的方式放置于固定场所，并做好适当的标识。

（3）清扫。工作场所、设备彻底清扫干净，使工作场所保持一个干净、宽敞、明亮的环境，使不足、缺点凸现出来。其目的是维护生产安全，减少工业灾害，保证品质。

（4）清洁。经常性地做整理、整顿、清扫工作，并对以上三项活动进行定期与不定期的监督检查，使现场保持干净整洁。

（5）素养。每名员工都应养成遵章守纪的良好工作习惯，并且积极主动，富有团队合作精神。

学习单元 2　生产实习教学

一、学习目标

通过本单元的学习，能够进行生产实习教学。

二、相关知识

1. 目的

此种方法将“听”“看”和“干”有机地结合在一起，使学员不仅掌握理论知识，同时在实践中掌握所要达到的不同豆制品生产技术等级操作技能，加深对理论知识的理解，较快地培训出合格的各级豆制品生产工。

2. 应用

采用生产实习法进行培训，主要做好以下几方面工作：课程准备→引入阶段→示范阶段→模仿阶段→练习阶段→模拟考核。

(1) 课程准备。主要准备两方面内容：一是培训的理论知识，二是培训的应用工具、设备、场地等。培训指导老师要对有关考核的技术知识进行通俗易懂的理论概括，使学员听起来容易理解，又可帮助强化记忆效果。同时，在生产实习中，培训指导老师还要按生产实习教学要求，根据学员的数量合理地安排生产实习期间练习的工具、设备、场地等，保证每位参加培训的学员都有机会进行生产现场实践。

(2) 引入阶段。将学员组织到培训现场，在生产现场进行集中讲学。为了保证教学质量，培训指导老师可在实习指导前，通过提问的形式来检查一下前面已学过并且与本次课程有关的培训内容，并通过提问帮助学员复习前面学过的内容，促进本次课程的培训效果。

(3) 示范阶段。主要是培训指导老师“教”的动作。培训指导老师一面进行操作演示，一面进行操作讲解，并对操作过程中的注意事项和可能出现的错误进行说明。培训指导老师作操作演示时，可以采用多种方法，如全程演示与分解演示相结合，重复演示与对比演示相结合等。无论哪种演示方法，都要注意能够让学员看清、看全、看懂，并能够记忆。

(4) 模仿阶段。在培训指导老师做完示范后，接下来就是指导老师选择接受不同程度的学员，根据其操作演示和讲解来模仿操作，其他学员帮助找出他们操作中的不足，并进行纠正。对于普遍性问题，培训指导老师要帮助分析发生错误的原因，并指导应该怎样避免，从而强化学员对实习培训内容的掌握程度。

(5) 练习阶段。生产实习不是一蹴而就，它需要学员的练习强化。因此，在实习时，培训指导老师要多安排一些练习时间，并通过指导老师的巡回检查和个别问题的指导纠正，使每位学员都能熟练掌握所学内容和操作方法。

（6）模拟考核。此为生产实习的最后阶段。为了了解学员的实际技术水平和对所学内容的掌握程度，培训指导老师还可对学员进行模拟实地考核，使学员通过模拟考核，查找自身差距，提高理论业务水平和实际操作技能。

3. 特点

（1）培训实效性较强。

（2）学员的参与性较强，能够把“看”“听”“做”有效结合，提高学员培训的积极性。

（3）能够在较短的时期内解决企业增加生产作业人才的需要。

（4）培训指导老师必须懂得示范方法，特别是要具备丰富的生产作业工作经验。

（5）生产实习培训往往需要占用生产作业设备、场地，影响正常生产活动。

第三节　技术培训

学习单元 1　编写技术培训教材

一、学习目标

通过本单元的学习，能够编写简单的技术培训教材。

二、相关知识

1. 教材编写的意义与目的

编写切合实际的教材，可以准确地掌握教材的重点、难点，控制教学时间和进度，并能根据学员学习的情况，及时正确地使用相应的教学手段，从而使教学质量得到保证和提高，做到有计划地实现预定目标，并为评价教学提供依据。

具体地说，编写教材的主要意义如下：

（1）可以明确培训指导老师和学员应当完成的具体任务。

（2）确定每一个具体教学阶段的教学内容，以及将采取的教学标准、方法和效果评价程序。

(3) 指导师生的活动，使培训指导老师对教学有一个良好的准备。

(4) 明确学习的程序和连续性。

(5) 使培训指导老师在授课过程中有所参照。

(6) 为培训指导老师提供一个教学记录。

(7) 为下一步的教学奠定一个基础。

(8) 为培训指导老师提供一个有价值的信息资源。

2. 编写技术培训教材的方法

编写高质量的技术培训教材，要求培训指导老师必须注重自身编写技能的提高，并能掌握编写技巧和方法。

(1) 影响技术培训教材编写质量的主要因素

1) 培训指导老师对于教材的钻研程度。培训教材反映本职业（工种）的教学目的、任务、内容以及基本要求，体现了对技术工人在操作技能上的要求，学习钻研培训教材可以从以下几个方面促进培训指导老师教学水平的提高：

①从整体结构上了解某一领域的教学目的、任务，从而正确把握备课的方向，使培训指导体现培训目标要求。

②从整体结构出发，掌握本职业（工种）的知识技能，了解教学内容，正确把握教学要领，突出重点，为正确制定培训教材打下基础。

③必要时，可针对培训教材，对教学方法逐章、逐节地提出基本要求和建议，并组织学员进行学后思考题的练习，进一步加深学员对本职业（工种）操作技能的理解。

2) 培训指导老师对教材研究的详尽程度。培训教材是学员学习的主要内容，也是培训指导老师指导教学的主要依据。因此，培训指导老师必须对教材进行通览和精读，认真详细地研究，以利于教学指导工作的开展。

①认真研读与推敲，做到融会贯通。要理解教材编写的用意，对教材中的每一概念、定理、公式、法则、定律，要知其使用条件、适用范围，知道用它能说明、解释什么现象，能解决什么问题，以求对教材透彻理解，讲解自如。特别要把握好理论学习与技能训练的结合点。

②要积极认真地查阅有关的教学参考资料和教学教研杂志，针对不同等级的学员，选取易于接受、既概括而又便于应用的一种陈述及论证

方法来指导讲述。

③要设疑自答，找准重点。在钻研教材的过程中，要多问几个为什么。例如，在教材中为什么要讲这个概念，讲这个概念为什么要用这个案例、做这类习题等。同时还要考虑教材中相关的案例、习题等有没有需要调换、补充的，本部分教学的重点是什么，应主要进行哪些培训指导，培养学员哪些能力等。特别值得注意的是教材编写是否体现技能为主的特点。

3）培训指导老师对于教学目标的理解和把握。教学目标是预期教学结束时学员必须获得的学习结果或终点行为，在整个教学过程中，其地位十分重要。因此，培训指导老师应对教学目标进行分解，并能够分阶段实现目标。

4）培训指导老师了解教学情境。要使教学获得成功，培训指导老师还必须认真了解教学情境。一是了解教学的对象——学员；二是了解教学的场地和设备。

①了解学员。通过学员对教材的理解、掌握以及对本职业（工种）学习的态度，对学员的学习态度、接受知识的基础、个性特点、兴趣、爱好、思维方式等作出准确的估计，使培训指导更有针对性，这样就能从学员的实际出发，确定培训的重点和难点，选择适合学员学习的教学方法，确定教学的成功与否。

②了解教学场地和设备。主要是了解教室的可用面积、桌凳数量、质量、采光、黑板、供电、音响、放映设备的情况及专项教学活动设备是否齐全，性能是否良好。了解场地情况主要是指实习教学场所，了解内容包括有无供教学用的实习设备、供电系统等，要了解其位置、场地划分状况、供电来源情况、器械设备及性能，以及各专用场地一次可容纳的学员数量等情况。

5）选取教学方法。教学方法是培训指导老师“教”的方式和“学”的方式的综合。为在有限的时间内，把教学内容顺利地转化为学员的知识、技能、能力和思想观点，使学员的身心得到全面发展，培训指导老师必须正确地选择教学方法，采用互补融合的多种教学方法。目前，虽然国内外教学方法不胜枚举，数量繁多，但依照不同的标准可以分为不同的类别，方便培训指导老师的选择与把握，教学方法的分类见表7—1。

表 7—1　　教学方法的分类

类别	教学目标	教学方法举例
认识	获得知识，丰富经验 发展智力，启迪思维	讲授法、谈话法、讨论法、读书指导法、发现法、自学辅导法、设计教学法等
情感	树立理想，培养情操 形成品德，健全人格	情境教学法、欣赏教学法、暗示教学法等
动作技能	获得技能，生成技巧 养成习惯，熟练操作	联系法、实习作业法、实验法、演示法、参观法等

6）教具的准备。为了便于学员理解和巩固某一概念或原理，掌握某一技能、技巧，教学时需用种种教具。如实物、图片、挂图、幻灯、教学录像、教学仪器等。对选用和自制的教具，要清楚详细地写入教材，并在课前准备妥当，以免用时忙乱。

7）设计教学过程。教学过程是培训指导老师有目的、有计划地向学员传授知识、技能技巧，发展学员能力，在老师指导下主动学习的过程。因此，它是教材编写中极为重要的一步。

由于教学内容不同，教学目标也不尽相同，单一课、综合课的任务也有差异，所以教学过程也各具特色。但还是有共性规律可循，主要体现在以下几个方面：

①组织教学。组织教学的任务是稳定学员的情绪、集中学员的注意力、安定课堂秩序。组织教学一般在上课后的 1～2 min 内，由培训指导老师运用讲述、提问等方式来完成。组织教学亦应贯穿于此后的各教学过程之中。

②导入新课。通过检查学员对已有知识掌握的情况，对已学知识进行复习、巩固、加深。有目的的加强新旧知识的联系，再现学习新课所必需的知识，进而引入新课。并设法激起学员对学习新课的兴趣和动机。导入新课一般用 3～5 min 即可。

③讲授新课。讲授新课是教学过程的重要组成部分。其目的在于使学员掌握新知识和发展新能力。培训指导老师在讲授时，应按照知识的内在联系，贯彻有关的教学原则和所选的教学方法，用清晰的表述，明快有条理的板书、板画或计算机教学，将本课的内容、要点正确无误地传授给学员并指导学员进行学习，使学员对教学有全面的了解。讲授新

课是整个教学的主干部分，因而占用时间最多。讲授新课一般以占用一堂课的 1/2～2/3 时间为宜。

④巩固新课。巩固新课是为了加深对新内容的理解，尽可能做到当堂消化和巩固，培训指导老师可用提问、复述、当堂练习等方法，检查学员理解、掌握的情况，发现问题及时弥补，使所学知识和技能得到及时巩固，并形成一定的技能，也为完成课外作业做好准备。巩固新课要做到重点突出、纲目分明、温故知新，切忌简单重复。巩固新课宜控制在 5～10 min 内。

⑤布置课后练习。目的在于进一步巩固所学知识，培养学员独立工作的能力。由于成人学习和工作之间的矛盾，学员课后练习无法保证完成，因此，在布置课后练习时，要求内容要典型，有代表性，数量要少，对难度较大的作业应当给以提示。布置的课外作业一般用 1～2 min 完成即可。同时，培训指导老师对学员的课后练习要进行认真检查、批改、评定。

上述五个环节只是教学过程的基本环节，并非所有教学都必须经过五个环节，培训指导老师在设计教材时可以参考选用，切忌生搬硬套。

培训指导老师在设计教学过程时，还需要注意以下几点：

第一，教学过程要贯彻启发式指导思想。教学过程是动态的互动互感的过程，使学员积极思考，认真实践，主动地学习知识、技能，提高发展能力。

第二，教学过程要坚持理论联系实际的原则。培训指导老师在依据教材逻辑顺序依次设计教学过程时，要结合教材内容尽量多地让学员参加实践活动。如实验、实习、参观、调查等，丰富学员的感性知识，使其获得比较全面的知识。

第三，教学过程必须紧扣教学目标，不允许与实现教学目标无关的活动占用课堂时间。

（2）编写教材的基本方法。一般有以下三种：

1）文字表达法。培训指导老师在编写教材时，主要用文字形式将备课的内容表达出来。这是备课最基本、最常用的方法。具体的编写方法有两种：一是讲稿式的详细教材，二是纲要式的简略教材。详细教材是把教学过程中的教学内容、教学步骤和教学方法都详细写出来，类似讲课提纲。“详案”有助于培训指导老师科学地、准确地控制教学进程，发挥培训指导老师的主导作用；“简案”可以节约编写时间用于熟悉教材，研究教法，把课上得生动活泼，也可以促使培训指导老师不断提高自已的教学能力，避免照本宣科。教材是详写还是简写，应根据培训指导老师的教学经验来决定。

2）表格法。即培训指导老师根据教学要求，按照教学内容设计一张“教材一览表”。它具有言简意赅、一目了然的特点，把上课时的各种因素，如教学内容、形式、板书、时间、教学设计等，加以合理组合，相应地写进教材。培训指导老师上课一看教材表，就可明白各种要求，从而综合运用，灵活掌握。也可把教材一览表事先发给学员，作为学员学习的提纲，由此可以减少培训指导老师课堂上讲解的时间，从而腾出更多的时间让学员自学、讨论。这种方法既能使课堂教学生动活泼，又能提高教学质量。

设计教材一览表时，要求简明扼要，不要拖泥带水；要求纵横联系，不能顾此失彼；要求富有特色，不要千篇一律。

3）卡片提示法。它是培训指导老师将教材的纲要、重点、难点和易忘的内容以及需要补充的材料等写在卡片上，以便在课堂教学中提示自己。卡片提示有两种形式：一种是教材纲要提示，另一种是教学内容提示和材料补充。卡片提示形式灵活、方便，便于教材的经常修改和补充，以不断改进教学，是一种行之有效的方法。

（3）编写教材的基本要求

1）端正思想，高度重视。教材是培训指导老师上课的直接依据，只有认真备课，编写高质量的教材，上课的质量才有保证。因此，每个培训指导老师都必须认真备课，写好教材。

2）反复修改教材。教材写好后，并不等于把课全部备好了。还应在上课前检查所写教材，根据班级和学员申报的技术等级情况，把事先估计不足的地方或者内容不当之处加以修订，以求符合教学实际的需要。

对已编写好的教材，培训指导老师要根据教材实施教学，但又不能完全拘泥于教材，应在必要时加以变通，发挥培训指导老师的创造才能，使教学圆满成功。教材每次用过之后，培训指导老师要分析本堂课的成功与失败，提出改进意见，以备再教本课时参考。

学习单元2　实施培训

一、学习目标

通过本单元的学习，能够进行培训策划。

二、相关知识

在实施培训前，要对培训的全过程进行策划。有效的培训过程应包含五个循环：需求（N）—计划（P）—实施（D）—评价（C）—改进（A），简称NPDCA循环链。培训师编写培训教材，实际就是描述和总结这一循环链的过程。培训应按上述五个循环展开讲述。

1. 培训需求的确定（N）

企业对所属员工是否需要培训，需要哪方面的培训，进行调查分析，确定出培训需要，在此基础上确定培训目标，为制定切实可行的培训计划做必要的准备。

2. 培训计划的拟定（P）

培训计划是培训目标的具体化与操作化，即根据既定目标，具体确定培训的形式、学制、课程设置、教学方法、教科书与参考资料、任课老师、测评方法、辅助培训器与设施，以及培训预算和对培训结果的评估方法等。

3. 培训活动的实施（D）

它是培训计划的具体落实和操作。这不仅包括落实企业年度培训计划、阶段性培训计划，而且包括实施培训过程中的每一个细节，如对培训计划中“人、时、地、物”的掌握、对培训讲师的要求、对课程的审查等。

4. 培训的总结和评价（C）

培训结束后要对培训效果进行总结评价，不仅可检验本次培训工作的成效，也为今后的培训提供帮助。对培训效果的评价注意两方面：一是培训结束时的评价，二是胜任工作后的评价。

5. 培训的改进（A）

对培训进行总结评价后，要寻求改进的措施。改进的措施应考虑在以下几个方面建立并实施：培训需求是否具有周延性，培训计划是否具有可行性，培训执行是否具有实效性，培训有差异是否进行检讨并重新训练。

员工培训记录卡（表），表面上看是对员工所受的培训做记录，但它的作用实际上远不止这些，它能对培训的执行程序进行有效的评定、总结和改进，是一种很好的工具。

第二部分

豆制品制作工高级技师

第八章 成品加工

第一节 产品制作

学习单元1 产品制作实例

一、学习目标

通过本单元的学习，能够掌握腐乳生产新技术，制作新型腐乳。

二、相关知识

在传统腐乳制作的基础上，随着科学技术的发展和现代化设备的运用，新型腐乳的生产和新技术的应用也越来越广泛，赋予了腐乳新的内容。

1. 新型腐乳的生产

科技的进步，使腐乳生产这一传统工艺得到了更新和发展。科技人员不但选育了耐高温菌种，结束了腐乳只能季节生产的局面，使腐乳产量得以增加，并且不断开发出新型的腐乳生产工艺及品种。

(1) 我国台湾腐乳生产。我国台湾腐乳的年产量约为 12 000 t，平均每人每年消费 660 g，由工厂或家庭生产。

1) 豆腐坯的制作。选择上等大豆，洗净，在水中浸泡 5～6 h (25℃)。加水用石磨磨成豆浆，通常水豆之比为 10：1。加热煮沸豆浆

20 min 后，用布过滤。加适量凝固剂（硫酸钙或氯化镁）点浆，蛋白质凝聚成豆脑，然后在木模内压榨成型后切成块，做豆腐坯所加的凝固剂比做豆腐所加的凝固剂要高 20%，一般为干豆的 2.5%～3.5%。豆浆与凝固剂混合后，混合液需剧烈搅动，静置 10 min 可完成凝聚过程。压榨后切成 2 cm×4 cm×4 cm 小块，每块质量约为 18 g。这种豆腐坯含非水溶性蛋白质 9%，水溶性氮化物 9.3%（以蛋白质计），脂肪 4%和水分 78%。

2）自然发酵。传统的自然发酵是将豆腐坯放在稻草上自然接种，豆腐坯上可长满带灰色的霉菌菌丝。这些霉菌是放射毛霉、根霉和毛霉，通常是稻草上的杂菌。但是这种自然接种方法并不总是有效的，因为会有污染菌出现。春秋季室温为 10～20℃时，3～7 天菌丝长好，取出即可腌制。

为了避免在传统腐乳制法中的细菌污染和变质，一般在霉菌接种以前要在阳光下暴晒 9 h，使腐乳坯表面脱水，不易受细菌污染。但这种处理方法会使腐乳的质量和风味受到影响。

3）接种。热处理后的豆腐坯放入冰箱，冷却到 20℃。纯培养菌放射毛霉、根霉和毛霉在浸过培养液的滤纸上生长，培养好后接种到豆腐坯表面。所使用的培养液含蔗糖 30 g，$NaNO_3$ 3 g，K_2HPO_4 1 g，KCl 0.5 g，$MgSO_4 \cdot 7H_2O$ 0.5 g，$FeSO_4 \cdot 7H_2O$ 0.01 g，土豆 50 g，谷氨酸钠 2 g 和水 1 L。圆形滤纸放置在培养皿内，用培养液润湿，然后蒸汽灭菌 40 min。

4）培菌。接种好的豆腐坯，放在 20℃下培养或放在 12℃的冰箱中培养。华根霉春园变种在 12℃下 7 天可长好，冻土毛霉 No.28 和林生毛霉 No.508 在 20℃下 3 天可长好。如果豆腐坯底部和容器直接接触，菌丝不能很好地生长，最好用稻草铺垫。

5）腌坯。坯子放在大缸内，每缸容积 700 L，每层坯子撒一层盐。3～4 天后盐进入坯子，取出腌好的坯子，用水洗坯，放入坛内。

6）配料和装坛。坛子的容积约 80 L，配料随生产的腐乳种类不同而不同。例如，红腐乳加红曲和面曲；糟腐乳加入醪糟；广东腐乳，除加盐和红曲外，还加红辣椒和茴香。当坯子和汤料占坛子容积的 80%时，加入浓度 20%的食盐水。最后坛口用竹叶包好，用黏土封好。经 1～3 个月或更长时间的发酵和陈化，成品即可销售。

汤料最一般的成分如下：精盐 2 kg，面曲 1 kg，红曲 0.6 kg，蔗糖原汁 0.6 kg 以及水 6 kg。制作玫瑰腐乳加玫瑰香精，做糟腐乳加醪糟、丁香和陈皮。然后在汤料内加黄酒，这主要是为了保存。新鲜的坯子可用许多方法腌制。按通常的方法，坯子浸在含醇盐溶液中，其中含 12% 氯化钠和 10%酒精（一般加黄酒或蒸馏酒）。

（2）美国涂抹腐乳生产。一种美国涂抹腐乳的制法是在标准的豆腐块上涂上一薄层的白色松软的豆酱，让它熟化。然后将豆酱涂层从熟化的豆腐块上刮去，并将豆腐块浸泡在水中，直至在水的作用下使豆腐块中的盐含量达到平衡。最后将豆腐块搅打成一种奶油状组织的产品。

采用这项技术制得的产品中未添加任何添加剂。产品呈奶油状，耐水分离，具有低脂肪、低钠、基本不含胆固醇等特点，并具有可口的味道。具体制法如下：

1）制豆浆和制豆腐坯。先按传统的方法制得豆浆，然后在敞开的锅中蒸煮，将凝乳与乳清分开，再将凝乳在豆腐压榨机中压榨。根据本发明的要求，所采用的豆腐应制得组织结实。一般凝乳在豆腐压榨机中压榨时间为 15～30 min，而在本发明中，为获得组织结实的豆腐块，需要压榨 60～90 min。因此，采用本发明方法制成的豆腐块含水量较低。

制得豆腐块后，让其在过滤的水中冷却。水温最好控制在 4℃以下，低于 1.5℃的温度更佳，但不要低至结冰点。豆腐块应在这种条件下处理 72 h 以上，最好为 80～110 h。这样，豆腐块在水中将会变厚，并形成光滑和结实的组织，这对于形成最后的奶油状组织的搅打豆腐乳至关重要。

2）豆腐坯处理与涂抹。在水中处理过后，将豆腐块在冷藏条件下（1.5℃左右）保存在盛水容器中，保存时间可达 10 天之久。进入随后的工序时，可将豆腐块从盛水容器中取出，并放在毛巾等物上，以除去豆腐块表面的水分。然后在豆腐块上涂一层很薄的白色豆酱（一种大家熟知的用大豆短期发酵而制成的豆酱），使其基本均匀覆盖在豆腐块上，涂层厚度约 3.2 mm。涂层较厚，则制得的产品较咸。因此，涂层的厚薄可依对产品的味道要求而定。

涂了豆酱的豆腐块，包裹在干酪包布中让它熟化。含大量盐的豆酱涂层从豆腐块中吸取水分，同时豆酱涂层中的盐则向豆腐块中渗透。两者之间的这种相互作用，使豆腐组织由普通颗粒状向光滑奶油状转变。

3）熟化过程。熟化过程在环境控制的温度和湿度下进行。在较低的温度和较小的湿度条件下，熟化过程所花的时间要比在较高温度和较大湿度条件下长。温度高，相对湿度大的条件在夏季较普遍。在熟化过程中，豆酱涂层中的盐分向豆腐块中渗透，最后达到平衡。由于条件的差异，所需熟化的时间的长短也不同，一般为2～7天。为了在这段限定的时间里较好地完成熟化，要求将温度控制在23℃，相对湿度在50%，熟化时间为2天左右。

完成熟化后，豆酱涂层应变得有些干硬，将它从豆腐块上刮去，然后将熟化豆腐四等分，并浸泡在过滤的水中。这样做有助于调节豆腐块中的盐含量。熟化豆腐块时最理想的盐平衡条件下的水温为1.5℃。水温较高会导致盐含量比要求的高。1/4的豆腐块在水中浸泡约15 min，然后取出。浸泡时间较长，产品的口味太淡；时间较短，则口味太咸。时间的长短可根据要求进行调节。

1/4的熟化豆腐块从水中取出后，放置在毛巾上，以除去表面的水分。然后放在45.5 L的食品处理机中搅打45～60 min，生成一种松软的奶油状涂抹腐乳。最后进行包装，即制得成品。

要控制好熟化豆腐块搅打的剪速度或搅打时间。如剪速度太快或搅打时间太长，则搅打出的产品不符合要求，会产生水分离现象。所以，搅打的剪速度或时间要恰到好处。

本发明的腐乳产品最好保存在1.5℃的条件下，以使其不冻为限。

用上述方法生产的搅打腐乳产品，脂肪和胆固醇含量低，组织松软，呈奶油状，口味酸，可作为一种大众化的天然保健调味食品。

2. 真空旅游型腐乳生产

随着我国旅游事业的发展，生产一种方便在旅游中食用的腐乳食品是一个开发途径。但对现有的腐乳要改变结构，调整口味及改变包装，以适应旅游食品的要求。其生产工艺如下：

（1）工艺流程

配料（→复制）

成熟腐乳 → 脱水 → 复制 → 检测 → 真空包装 → 成品

（2）复制方法

1）挑选。将已发酵成熟的腐乳放在卫生的容器中，挑选色泽正常，厚度均匀，块型完整，符合标准的腐乳，淋干表层卤汁。

2）脱水。对符合标准的腐乳用热风工艺脱水，制成干腐乳，使其不要太干，含水量也不要太高。

3）复制陈酿。根据品种特色，配制不同风味的辅料。按旅行腐乳的特点，最好配制各种口味的粉质料，如甜味、咸味、辣味及酸味等。将这种粉质料拌于干腐乳表面，复制后需陈酿一段时间，使辅料自然渗透到干腐乳内部，形成旅行腐乳固有的风味及特色。

4）检测。对复制陈酿腐乳进行水分、氯化钠、氨基酸等项目的理化分析，符合产品质量要求即可包装。

5）包装。根据品种规格不同，真空包装复制干腐乳，最好用1～2块为一盒的小包装，以便于旅行携带。

（3）质量要求

水分含量为50%～55%，氯化钠含量为6.0%，氨基酸含量为0.7%。

3. 利用边角料再制腐乳

在腐乳坯的制造过程中，手工操作还占据相当地位，因此，豆腐坯难免会出现次品、废品，这些废品主要来源于上榨、落榨（翻豆腐）及划块等工序，其产生的原因大致有以下几个方面：

第一，豆腐边角废料。为了使豆腐坯达到正方形规格，在切块时将整板豆腐的四周边皮剔除，保持每块豆腐坯的形状标准（正方形），为此要剔除圆角及圆边废料。

第二，操作技术不熟练。上榨时控制每板豆腐的数量不当，没有掌握上榨时豆腐老与嫩的程度及“缸面多、缸底少”的操作要领，导致豆腐坯厚薄不均，超厚或太薄，出现烂心、气泡、表面不平等，达不到品种规格要求，成为废品。

第二，操作中马虎、不认真，缺乏“丰产丰收”的意识。所谓“丰产”就是指大豆蛋白质提取率及凝固率都很高，白坯的原料利用率达75%以上，豆渣残余蛋白（干基）16%以下，达到“丰收”目的。但由于上榨、落榨（翻豆腐）及切块操作不当，产出的正品合格率低，使原料蛋白质利用率低，造成“丰产不丰收”。

豆腐坯的废料是难免的，以某酿造食品总厂为例，日投大豆

4 000 kg，边角豆腐 320 kg，折成大豆约 150 kg。为了尽量减少损失，可将边角料再制腐乳，达到充分利用的目的。其制作方法如下：

（1）工艺流程

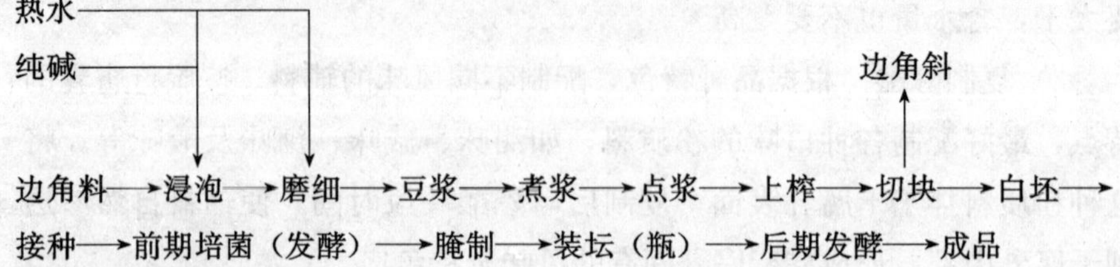

接种→前期培菌（发酵）→腌制→装坛（瓶）→后期发酵→成品

（2）豆腐坯制作

1）制浆

①边角料处理。预先将边角料用刀切成黄豆大小块型，置于浸泡容器内，加入纯碱（Na_2CO_3）0.2%～0.3%（按边角料量计），再加热水150%进行浸泡，搅拌至纯碱全部溶解完为止。

纯碱是一种助溶剂及软化剂，加入后能使豆腐坯充分软化，促使白坯的变性蛋白转化为水溶性蛋白，利于白坯组织中蛋白质溶解。同时，加碱使原有 pH 值为 5.0 的白坯，pH 值调整到 6.8 左右，这样既有利于提高蛋白质的凝固率，又能保持白坯质地的细腻度。

②磨细。用 Na_2CO_3 处理后的边角料，乘热送磨房磨细。磨细的目的是使白坯中的蛋白质溶于水，进行水合作用，形成乳白色的胶体，即制成豆浆。

③勾兑。将边角料制成的豆浆与大豆制成的豆浆两者按比例进行勾兑，其比例为 8∶100（质量份）。这种比例既不影响豆浆 pH 值的工艺要求，又能达到白坯的质量标准。

2）压坯

①煮浆。要求随时兑浆，立即煮浆。勾兑好的豆浆不宜存放过长的时间，因为勾兑好的豆浆有较高的温度，存放时间长会使豆浆变质，所以勾兑后应迅速加温煮开，使蛋白质变性。煮浆温度一般控制在 96～100℃为宜。

②点浆。将豆浆放入平筛过筛，使豆浆流入缸中，待豆浆品温降至 75～85℃时，开始下卤点浆。其操作方法同腐乳生产操作。

③压榨（又称上榨）。上榨时先要轻轻地用皮管抽去缸中多余的黄泔水，再上榨。上榨操作要掌握轻、快、慢三个要素。轻——捞豆腐动作

要轻，用力过大，会促使豆腐过度脱水，口感粗糙。快——上榨速度要快，保住品温；反之，豆腐热结合差，制成坯子松散、无弹性。慢——压榨的压力要慢慢加大，过快或压力过大，容易使包豆腐布破碎，导致豆腐脑向外流失，造成损失。

④落榨（又称翻豆腐）。豆腐揭布下榨时，操作要当心，防止整板豆腐破碎。

⑤切块。要求切刀口锋利，刀片的刀口高低一致。将整板豆腐放于台子上，调整歪斜度，按品种规格切块。

⑥边角料的处理。将制坯中剔下来的次品及边角料等，送至制浆工序，重新处理、浸泡、磨细直至制浆，再利用。

3）前期培菌（发酵）。培菌操作同腐乳生产方法。

4）后期发酵。后期发酵的操作方法参照本书霉菌型腐乳生产方法进行。

4. 豆粕（豆饼）酿制腐乳

豆粕是大豆提取油脂后的一种产物。低温提取油脂工艺是用溶剂从压扁的大豆中抽取油脂的一种方法，通常用于脱脂大豆的溶剂是疏水性很强的有机溶剂——正己烷。正己烷溶剂的沸点为68～70℃，是低沸点、高纯度的疏水性溶剂，在脱溶时，可以得到蛋白质变性程度很低的脱脂豆粕。这种低变性的新鲜豆粕符合酿制腐乳的原料要求，因此用它来酿制腐乳是可行的。

一般脱脂大豆分为高变性、中变性、低变性三种。高变性脱脂大豆主要用于饲料加工及酿造食品原料。中变性脱脂大豆不仅可作为酿造酱油的原料，还可用于制造组织蛋白等。低变性脱脂大豆可用于酿造酱油、腐乳、脱脂大豆蛋白粉及各种蛋白食品，用途很多。脱脂大豆的种类和用途见表8—1，其化学组成见表8—2至表8—4。

表8—1 脱脂大豆的种类和用途

脱脂大豆 / 特性	热榨脱脂大豆	冷榨脱脂大豆		高温脱脂大豆		低变性脱脂大豆	
		脱壳	不脱壳	脱壳	不脱壳	脱壳	不脱壳
变性程度	高度变性	中度变性		中度变性		低度变性	
脂肪含量/%	<7	<8		<1		<1.5	
用途	饲料 肥料	饲料 食品	饲料	饲料 食品	饲料 肥料	食品 饲料	饲料

表 8—2　**大豆粉及粗碎大豆的组成**　%

项目	脱脂大豆	低脂大豆	全脂大豆	备注
蛋白（N×6.25）	50.5	46.0	41.6	大豆粉及粗碎大豆的水分依空气中湿度不同而异，变动范围在5%～10%
脂肪（乙醚抽出）	1.5	6.5	20.5	
纤维	3.2	3.0	2.8	
灰分（无机物）	5.8	5.5	5.3	
碳水化合物（可溶性无氮物）	34.2	34.0	25.2	

表 8—3　**脱脂大豆粉中各元素的含量**　%

元素名称	含量	元素名称	含量
钙	0.26	硅	0.40
磷	0.65	铜	0.001
钠	0.28	锰	0.005 8
钾	1.85	锌	0.002
镁	0.31	碘	0.000 5
铁	0.013	硫	0.29
氯	0.019	铝	0.000 7

表 8—4　**脱脂大豆的维生素含量**　mg/100 g

维生素	含量
胡萝卜素	75 国际单位
硫胺素	0.75～1.20
核黄素	0.4
烟酸	0.006
维生素 B6	0.015
泛酸	0.015
胆碱	0.225
肌醇	0.22

(1) 工艺流程

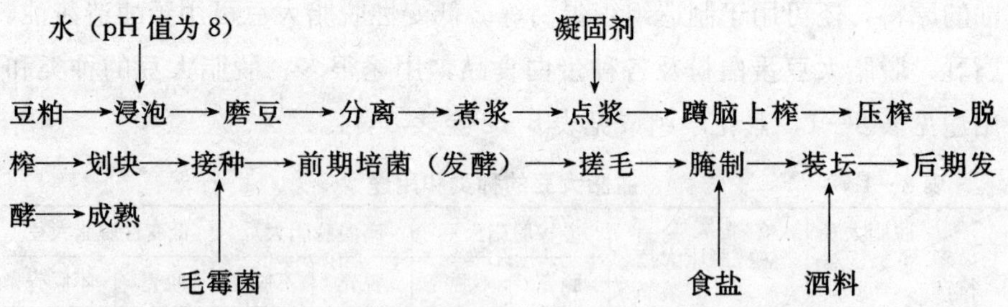

(2) 豆腐坯制作

1) 浸泡。豆粕加水浸泡，加水量一般为每 100 kg 豆粕加水 400 kg。浸泡水内加入适量的纯碱（Na_2CO_3），碱的作用是可增加豆粕中蛋白质的溶解度。一般浸泡时间为 3～5 h。

2）磨豆。浸泡达到要求的豆料磨细，在磨时若豆糊过厚可加水，使豆糊厚薄适中。磨豆的粗细度应适宜，便于分离和蛋白质提取。

3）分离。又称浆渣分离。在操作过程中，要控制豆浆浓度及豆渣内的残余蛋白质含量。要求蛋白质含量（干基）控制在16%以内，每1 kg豆粕要求出浆9～10 kg。豆浆出率过多或过少对白坯质量均不利。

4）煮浆。豆浆进入煮浆桶后，为了保证豆浆质量，要求快速煮浆，使其品温迅速达到95～100℃。在煮浆中如泡沫过多，可加些消泡剂消泡。

5）点浆。品温要求在85℃为宜，凝固剂一般使用盐卤或“酸水”。下卤要点是，翻浆时要轻而有力，既要使豆浆上下翻动一致，又不能使豆浆“大浪滚滚”。点浆至面层出现桂花形豆脑即可停止下卤，让其养缸，待10 min后，扳缸蹲脑8～10 min。

6）上榨。蹲脑完毕后，抽去黄泔水进行上榨。要求上榨快，动作轻，既要保持豆腐热结合好，又不要使豆腐脱水过分，防止豆腐蛋白质组织收缩过度。压榨时控制白坯水分在71%～73%。制成的白坯要求厚薄均匀，富有弹性，具有乳黄色泽。

7）切块。将脱榨的整板豆腐放于切块板上，根据产品规格切块，要求块型一致，刀面平滑。

（3）前期培菌（发酵）

1）入笼。达到标准的白坯，竖立于笼格内，每块间距2.5 cm左右，这样既有利于毛霉生长繁殖，又有利于散热降温。

2）接种。已放入笼格内的白坯，待其凉至40℃以下即可接种，要求五面接种均匀。接种完毕后，将笼格轻轻地叠起，每桩12只。

3）发酵。发酵房内品温控制在18～22℃，24 h基本能见白坯表面有较密菌丝体，此时应翻格一次，32～36 h进行第2次翻格，42～44 h后进行凉花。翻格的目的是调节新鲜空气及上下温度，促使毛霉菌生长一致。

（4）后期发酵

1）搓毛。将已培养好的毛坯搓毛分开，整齐地放入笼格中，供下道腌制工序用。

2）腌制。按不同规格的毛坯质量计算用盐量。腌制方法是，在腌池（缸）底先铺一层盐，再放毛坯，一批毛坯一批盐，每池放八分满。结束后，上放竹垫一块，加石头数块，防止咸坯浮起，第 2 天卤汤（又称毛花卤）满池，若卤汤不足必须加满，以保持上下咸度基本一致。

3）装坛。装坛方式按品种不同而异。糟方腐乳在装坛时每批咸坯加一层糟。蘑菇腐乳也是每批加料。红方腐乳在每块染红曲卤后再装坛。白方腐乳直接装坛。

4）灌卤。将上述已装入坛内的咸坯，按不同品种加卤酒，要求卤酒高于咸坯 2～3 cm。然后加盖封口。为防止发霉，封口不得漏气。

5）质量标准。按上述工艺要求，完全能达到《腐乳质量标准和检验方法》(SB/T 10170—1993)。

5. 腐乳生产新技术

腐乳成熟时期较长，在一般情况下，毛坯装瓶后要经 4～6 个月（传统腌制毛坯装坛后要经 6～8 个月）的自然发酵成熟期才能使腐乳的色、香、味符合国家质量标准。由于后发酵过程长，从而导致生产企业占用厂房（场地）面积大，占用资金多，资金周转慢，对腐乳扩大生产有一定的难度。并且由于腐乳毛霉生长受夏天高温季节的限制，使腐乳不能常年生产，这在一定程度上也影响了企业的经济效益。

近年来，在腐乳行业科技人员的共同努力下，研究应用新技术，如采用多种微生物共同作用，添加生物酶、加温，加快蛋白质水解速度，加速腐乳的成熟等，为缩短腐乳生产周期开创了局面。

(1) 添加酵母菌。增加酵母菌种，加速酒精发酵。腐乳在后期发酵中，酵母菌较少，酒精发酵不够。同时，腐乳卤中含有 14%～16%的酒精，对霉菌（面糕曲霉、红曲霉）的酶分泌、水解蛋白质有抑制作用，使腐乳后期发酵和成熟迟缓，生产周期长。所以，采用添加酵母菌来加快酒精发酵和合成酯类物质，减弱酒精对霉菌的抑制作用，实现多菌种共同协调作用，以合成腐乳特有的色、香、味物质。

1）添加酵母液的制备。在腐乳后期发酵中添加 AS2. 180 鲁氏酵母和 AS2. 202 圆球拟酵母，混合使用，后期发酵效果好，产品风味纯正。添加酵母液的生产过程如下：

固体斜面→中三角瓶→大三角瓶→卡氏罐→鲜酵母液

容器和工具使用前必须用清水洗刷干净，并用蒸汽灭菌。三角瓶、卡氏罐等，每次发酵完毕要彻底刷洗干净，用前必须蒸汽灭菌。生产车间及环境一定要清洁卫生，发酵室及其设备每周用甲醛加高锰酸钾熏蒸杀菌一次。具体操作如下：

①试管固体斜面培养

培养基配方：米曲汁（6～8°Bé）100 mL，琼脂 2～2.5 g，氯化钠 1 g，pH 值为 6.0 左右。

第一步：灭菌。0.1 MPa 蒸汽灭菌 30 min，趁热罐装于试管中，冷却凝固，制成斜面，检查无菌后备用。

第二步：培养。于无菌箱内接入原试管菌种酵母 1～2 环，置于25～30℃恒温箱内培养 5～7 天得酵母菌种。

米曲汁的制备方法：取大米 1 000 g 洗干净，加入适当水制成米饭，冷却至 40℃，接入米曲霉 AS3.800，装入曲盘保温（30℃）培养 28～32 h。待米粒表面布满菌丝，呈现乳白色或微黄色后即成米曲。取 1 份米曲加 4 份水在 60～65℃水浴锅上糖化 4～6 h，至液体中无淀粉（碘液试验反应无色）为止，过滤得米曲汁。

②中三角瓶培养（二代）

培养液配方：米汁糖化液（6～8°Bé），每 100 mL 加入食盐 5 g，白酒（50%）4 mL（灭菌后接种时加入）。

第一步：取 1 000 mL 三角瓶，装米汁糖化液 300 mL。

第二步：灭菌蒸汽压力 0.1 MPa，灭菌 20 min。

第三步：将灭菌后冷却的三角瓶培养液，送入无菌箱内加入白酒，接入试管酵母菌种 1 支。

第四步：接种后置于 30℃左右的恒温箱内培养 72～96 h 即成熟。

米曲汁糖化液的制备方法：大米洗涤干净，加水 4～6 倍，煮成粥样后，加入糖化曲霉 20%，在 60～65℃糖化锅内糖化 4 h，至无淀粉（碘液试验反应无色）为止，升温 80℃，过滤得米曲汁糖化液。

③大三角瓶培养（三代）

培养液配方同上。

第一步：取 3 000 mL 三角瓶，装入培养液 1 000 mL。

第二步：灭菌同上。

第三步：接种。灭菌后三角瓶移入无菌室内，加入白酒，接入中三角瓶酵母种子。

第四步：培养。接种后置于 25～30℃发酵室内培养 72 h 即成熟。

④卡氏罐培养（第四代，即添加酵母液）

培养液配方：加入 0.05%硫酸铵为氮源，其他同上。

第一步：取容量为 20 L 的卡氏罐，装 10～15 kg 酵母液。

第二步：灭菌。蒸汽常压灭菌 40 min。

第三步：接种。灭菌后送无菌室内，待冷却至 40℃后加入白酒，接入大三角瓶酵母种子。

第四步：培养。接种后将卡氏罐放入 25～30℃发酵室内，静置培养 48 h，成熟后即为腐乳用添加酵母液。

2）酵母液的添加方法。在毛坯盐腌后，配料装坛灌入红曲卤汁时，取已培养成熟的鲜酵母液，按百分比要求同时加入腐乳坛内。酵母液添加量以每坛耗用红曲卤汁量的 10%～15%计算，也可根据腐乳库余缺的情况，以增减酵母液添加量的比例来安排腐乳批量成熟的时间。

3）添加酵母液后的效果。在腐乳后期发酵中添加酵母液，生产周期要比原生产周期缩短 1/3。这对解决现行腐乳生产中占用容器多，需要厂房面积大，生产周期长等问题有现实意义。添加酵母液后腐乳质量的比较见表 8—5。

从表 8—5 中看出，AS2.180 鲁氏酵母与 AS2.202 圆球拟酵母混合使用后，腐乳后期发酵的效果较好，产品芳香扑鼻，风味调和纯正。

（2）多菌种应用于腐乳生产。目前，在腐乳生产中，普遍采用自然发霉或用单一纯种毛霉接种制腐乳毛坯。此类霉菌富含蛋白酶，成品风味较好，成型和色泽正常。但是，此类霉菌的最适生长温度不高，受季节的限制，同时所分泌的酶酒化力低，酒的用量大，后发酵时间长，资金周转慢，成本高，影响了经济效益。基于这种情况，在单一毛霉制腐乳坯中增加华根霉，因为华根霉的生长温度较宽，糖化力高，并有一定的酒化力，能将毛坯中的淀粉转变成糖，再转化为酒精，以提高腐乳的风味。但该菌的蛋白酶活力较毛霉低。

表 8—5　　添加酵母液后的效果

项目 \ 结果 \ 菌种	添加 AS2.180 酵母	未添加酵母	添加 AS2.202 酵母	添加 AS2.180 AS2.202，各 50%两种酵母
氨基酸态氮含量/%（以氮计）	0.544	0.45	0.500	0.613
食盐含量/%（以氯化钠计）	8.14	8.14	8.14	8.14
总酸含量/%（以乳酸计）	1.42	1.06	1.17	1.17
发酵时间	40 d/(32℃)	40 d/(32℃)	40 d/(32℃)	40 d/(32℃)

利用这两种菌各自的优点来弥补相互的弱点，以利于腐乳坯中蛋白质的分解，减少酒的用量和变季节性生产为常年生产。其工艺如下：

纯种（混合种）↓　食盐↓

白坯⟶摆笼⟶接种⟶前期培菌（发酵）⟶翻笼⟶晾笼⟶毛坯⟶腌坯⟶装瓶⟶后期发酵⟶检验⟶成品

↑各种辅料

1）前期培菌（发酵）

①纯种及混合菌种悬浮液制备。纯种悬浮液制备方法是：选择生长良好的二级种子 AS3.25、华新 10 号和 AS3.2746 各 100 g（湿基），分别加冷开水 200 mL，充分摇匀后，用三层纱布滤去培养基，即制成孢子悬浮液。随配随用，要求新鲜，不能久置。

混合菌种悬浮液制备的制备方法是将上述制备的纯种悬浮液，按 AS3.25∶AS3.2746＝7∶3，华新 10∶AS3.2746＝7∶3 混合，即得混合菌孢子悬浮液。也是随配随用，要求新鲜，不能久置。

②培养。将豆腐白坯摆入培养笼中，竖立放置，均匀排列，每块四周留有空隙，然后接入 0.3％的纯种或混合种的孢子悬浮液，在 36℃温度下培养 48 h。

培养结束后腌坯，加盐量为每 300 块用盐约 1.25 kg，腌坯时间为 2～3 天（毛坯中 NaCl 含量达 12％左右即可），这时咸坯含水分在 57％～60％。

2）后期发酵。将腌制好的毛坯装瓶。纯种培养的毛坯中分别加入酒精含量为 8％的白酒和 5°Bé 的盐水，混合种培养的毛坯中分别加入酒精含量为 7％的白酒和 5°Bé 的盐水，同时每瓶放入花椒 1.5 g、生姜 10 g，在 32℃条件下厌气发酵 60 天后成熟。

（3）加酶控温速酿发酵。腐乳生产季节性强，夏季及雨季产品质量不能保障，甚至无法生产。为此，采用加酶控温发酵速酿工艺酿造腐乳，既可减少老法制曲工序过程带来的杂菌污染，又可缩短生产周期，保证产品质量。

加酶控温速酿发酵的方法大致为：大豆磨浆压制成豆腐白坯，白坯直接装瓶加入酶液、食盐和辅料发酵 1 个月。可根据制品的理化指标以及风味感官分析具体确定工艺条件。工艺流程如下：

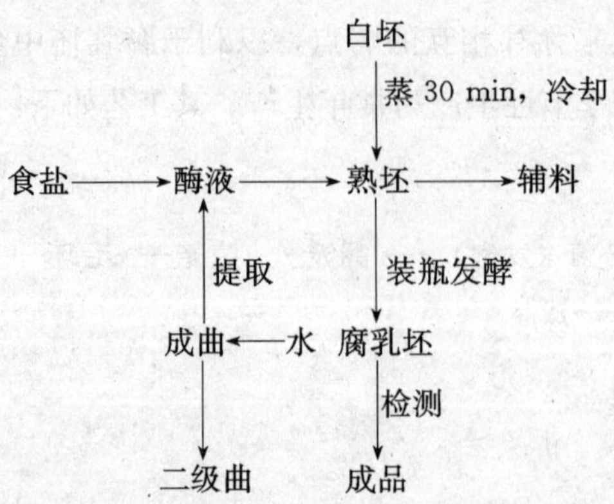

学习单元 2　包装发酵性豆制品的微生物变化及其控制

一、学习目标

通过本单元的学习，能够控制包装发酵性豆制品的微生物变化。

二、相关知识

1. 包装发酵性豆制品的微生物变化

（1）因包装发生的环境变化对食品微生物的影响。发酵性豆制品经过包装后能防止来自外部微生物的污染，但包装内部环境因内在物质的生化反应，也会发生变化。在包装缺氧的状态下，包装内部的食品经生化反应，会产生大量的有机酸等物质，如果在氧气充足的条件下，多产生 NH_3 和 CO_2 等气体。

（2）包装食品引起的微生物二次污染。大部分包装发酵性豆制品都会存在一定数量的微生物，如果把这些常见微生物都当作污染来处理是不现实的，但通过检验，可以知道其中的大肠杆菌数、致病菌的存在情况，由此可以从微生物学角度，查明包装内部食品的生化反应所引起的质量事故产生的原因，对发酵性豆制品加工全过程中微生物变化的可控性研究具有指导意义。

微生物对发酵性豆制品的污染可分为包装食品本身的污染和包装材料污染两大方面。在豆制品加工制造过程中的各个工艺环节，如果消毒不严或杀菌不彻底，在产品流通过程各阶段的处理，特别是在分装操作中，如果微生物控制条件欠佳等，均有二次污染的可能。随着货价期或消费周期的延长，不仅会大量繁殖细菌，也会给繁殖较慢的真菌提供蔓延机会。这种现象在防潮或真空充气包装中也常常发生。

包装材料较易发生真菌污染，特别是外包装和塑料包装材料，在其储运期间，会受到环境空气中微生物的直接污染和器具的污染。就外包装而言，由于被内装物污染，包装操作时的人工接触，黏附有机物，吸湿或吸附空气中的污染源等都能导致真菌污染。因此，如果包装原材料存放时间较长且环境质量又差，在包装操作前若不注意包装材料或容器的灭菌处理，包装材料的二次污染则成为包装食品的二次污染。

基于健康角度考虑，以及人们饮食结构的变化，发酵性豆制品逐渐向低盐、低糖方向发展。采用复合软塑料包装可以提高包装的阻隔保护性，但这样处理也可能助长真菌的污染和繁殖，应加以重视和预防。

2. 包装发酵性豆制品的微生物控制

因发酵性豆制品的储存条件是为采用微生物发酵技术制作腐乳，因此，对其包装内微生物的控制采用常温保存法。为了控制发酵的速度，达到抑酶、灭酶的目的，防止二次发酵对产品品质的影响，有些发酵豆制品生产厂家采用了辐照处理方法。

(1) 辐照处理的概念。它是利用放射源散射的放射能作用于食品，使食品中的微生物和酶钝化而达到抑制或杀灭微生物的目的。辐射保藏食品时，其剂量的选择应注意以下几个方面：食品的安全卫生性，食品感官质量受辐照损坏的耐力，微生物的耐辐射力及辐射处理费用。

(2) 辐照处理对发酵豆制品的影响。经研究发现：

1) 辐照处理会破坏一定量的各种营养素，对产品的风味有一定的影响，但损失程度一般与热杀菌相同。

2) 按美国食品与药物管理局批准的辐射源和剂量来辐射处理，并不会赋予食品有害的放射性含量。

3) 在批准的剂量下，辐射处理过的食品，从微生物学观点看是安全的。

4) 辐照处理的费用较高，对于小型发酵豆制品企业来说，用此方法进行产品处理，不太经济。

由于辐照处理在食品安全与卫生方面的复杂性，各国对辐射处理总是加以严格控制，法规要求在对任何新的食品资源作辐射加工和广泛分配前，必须经食品与药物管理机构立案和批准。

第二节　技术创新

学习单元1　中外豆制品发展

一、学习目标

通过本单元的学习，了解国内外豆制品及其加工业的发展现状和发展趋势。

二、相关知识

1. 国外豆制品的发展

美国用于豆制品生产的大豆每年1 000万吨，拥有1 000多个大中型豆制品综合加工厂，美国还建立了完善的国家质量标准，逐步做到统一标准、统一检测仪器和统一检测方法，产品不仅有明定标识指标，还有内定控制指标，具有很强的认证和仲裁能力。美国大豆产品种类多，应用领域广。既有豆腐制品、蛋白质粉制品等初级产品，又有蛋白质制品、磷脂制品等中等产品，还有用大豆粉制成的聚酯、燃油乳化剂和润滑油等高档产品。大豆制品的国内市场占有率为80%，国际市场占有率为30%，他们研制的油脂、蛋白质、磷脂等加工设备也较为先进。生产的各种大豆蛋白质制品出口20多个国家，在几十个行业中推广使用。以大豆为主要原料的食品、营养品和保健品有500多种，占国内消费市场总量的70%，国外消费市场的35%。

日本称大豆为“万能之药”，主要产品有蛋白质粉、豆腐、豆浆、纳豆。豆制品厂家260个，生产各种豆制品50万吨，国内消耗26万吨，其余用于出口。日本研制了符合国情的大豆加工设备，发展了独具本国风味的纳豆产品和引进开发了豆腐系列制品及分离蛋白质等产品。

世界大豆加工业的发展趋势是进行精深加工、多层次利用增值，由粗、初加工向精、深加工推进，产品由中间产品走向终端产品。国外对大豆食品的重视还体现在政府和社会团体的参与，对大豆加工业加大国家规划、行业指导和部门管理工作力度，为大豆加工业创造了竞争机遇，加强研发深度，扩大了推广应用领域。

2. 我国大豆加工业发展

（1）我国大豆加工业发展现状和发展趋势。我国是世界上大豆生产、加工、消费、集散和出口大国，加工业年产值 194.5 亿元，约占整个食品行业产值的 7%。其中用于豆制品加工的大豆约 1 200 万吨。

我国传统大豆制品主要有两大类，一类是发酵制品，如腐乳、酱油；一类是非发酵制品，如豆腐、豆制品、腐竹、豆浆等。较有代表性的企业和产品有王致和集团公司的“王致和”牌腐乳和北京市豆制品工业公司的“白玉”牌豆腐。近年来相继出现一些新型豆制品，共有三大类，第一类是豆粉、豆奶及冲调用蛋白质系列产品，代表企业江苏维维集团，还有作为食品及药品等添加的分离蛋白质、组织蛋白质、浓缩蛋白质等，代表企业有哈高科大豆公司；第二类是大豆卵磷脂，如北京清华紫光；第三类是大豆低聚糖、异黄酮、皂甙等产品。这些系列产品的研发及生产近年来飞速发展，基本与国际先进国家在同一水平线上，是大豆加工前沿性产品，体现了高科技含量、高附加值。

我国大豆加工业的发展趋势是，大豆需求量将继续增长，大豆加工量将相应增加，将在肉类、饮料、成品粮强化、副食品深加工和配合饲料等五大开发领域应用。大豆加工业在“十五”期间内进行战略性调整。我国食品工业发展纲要指出：“我国未来膳食结构中应当选择动物性食物和豆类食物并重的模式，优质蛋白质的选择应当以植物蛋白质为主”。在“十五”期间内，在全国范围内继续实施“大豆行动计划”“学生营养计划”“大豆振兴计划”“农业科技跨越计划”和“大豆发展计划”。

大豆食品的开发方向为大豆食品将强化和补充维生素和微量元素辅料，研发豆米、豆麦等复合制品与风味食品，使之营养更全面。采用盒、膜及可食性材料保鲜包装，打开即可食用，与主食和副食结合，成为快餐与配餐食品。

（2）传统豆制品的工业化生产

1）我国与国际大豆食品企业的比较。目前，我国大豆的产业化才刚刚兴起，与国际上先进的国家相比，还存在差距。主要存在的问题有：多数企业规模较小，加工设备和销售体系落后；大豆食品加工大多停留在粗加工水平上，在市场上多数豆制品都处于低档食品层次；大豆食品的生产方式远远满足不了人们对大豆食品卫生、营养保健的要求。相对于全球来说，我国大豆精深加工的能力和规模是排不上名次的，传统加工仍占大豆加工业的主导地位。总体上说，市场竞争力还比较弱，难以参与经济全球化条件下的市场竞争。另外，缺乏加工和使用大豆蛋白质制品的技术和专门人才，缺乏制作新一代大豆食品的技术和专门人才。当代我国学者中很少有人从事大豆保健作用的研究，媒体对大豆的保健功能少有报道。

但我国也有自己的竞争优势：大豆食品的制作和消费历史悠久，已成为我国饮食文化中不可分割的一部分，消费者对豆制品的接受不成问题，所以，传统大豆食品在我国具有天然可接受性而拥有相应的市场。

2）大豆食品工业化的必要性

①工业化生产是降低生产成本提高产品竞争力的保证。用先进的加工手段生产传统豆制品，即进行工业化生产，以合理的规模效应使得技术上合理，经济上合算，可大幅度降低生产成本，有更大的空间根据市场的变化调整价位，使产品始终保持较高的竞争力。

北京市豆制品工业公司于1998年研制包装豆腐生产线，平均日产包装豆腐15 000盒，与手工方法生产等量同类产品，每班工人人数减少25%，工作时间减少33%，不计新产品的包装费用，生产成本降低了400元/吨，该产品一上市，面向超市销售，为广大消费者接受，在北京市同类产品中占据了绝对优势的地位，该产品每年为企业新增销售额370万元。北京市豆制品工业公司于1989年添置了充填豆腐生产线，日产充填豆腐近70 000盒，因其自动化程度高，生产效率高于其他品种，生产成本达到除豆浆外的所有豆制品的最低值，为0.205万元/吨。该产品于1997年销量达到最高峰，使企业从此步入了质量效益型的行列。由此可见，传统豆制品的工业化生产是适应市场的必然举措。

②工业化生产能更好地控制产品质量，保证食品卫生。要保证一致的、稳定的质量，必须采取科学的、合理的制作工序，杜绝那些不卫生、不安全的生产操作。一定程度的机械化、连续化、自动化，方能避免由于手工操作带来的对产品质量的不利影响，即工业化的生产线可达到这些要求。

北京市豆制品工业公司在1996年以前，年产豆腐18 000吨，其中7 000吨是手工制作的散装产品，其加工工艺仍停留在80年代水平，在销售过程中卫生无法控制，受季节、地域的限制，流通中出现各种质量问题，造成了极大浪费。又因其无法标识生产企业，容易鱼目混珠，各个无照经营户纷纷假冒。1996 年以后，采用自动化生产线生产的包装品种，因其合理的先包装后灭菌的生产工艺，使产品的卫生、质量得到保证，货架期延长，而货架期的延长则更利于流通，是使产品广泛进入现代市场的关键。豆制品工业公司以工业化手段生产的充填豆腐产品销往天津、山海关等地，该产品在 1997—2000 年持续热销，使“白玉”品牌为广大北京市民所熟知，使白玉商标被评为北京市著名商标。

③工业化生产是参与国际化市场竞争的要求。随着人民生活水平的提高和对健康的重视，使之对食品的需求越来越多，对品质的要求越来越高。对与日常饮食生活密切相关的传统豆制品，无论在质量上、数量上、营养上都有了更新的要求。同任何商品一样，如不能适应市场的发展需求，就有可能被自然淘汰。当前的市场呈现全球化的趋势，信息时代的各个方面和各种形式的快捷、频繁的交流，促使食品消费市场日益全球化，只有工业化才能适应这种市场需求。

大豆只有经过深加工，才能节约材料、降低成本、减少污染、增加品种、扩大规模，使之从狭小的天地中解放出来，走向广阔的消费市场。国内的豆制品工业虽有一部分基本实现了机械化，但其工业化程度还很低，主要表现在许多品种还无法脱离手工操作，产品结构单一，没有进行精深加工附加值高的产品，绝大多数产品处于大众消费档次，目前还无法参与到国际市场的竞争中。所以，传统大豆食品企业必须进行深入的调查，研究市场需求的发展趋势，并努力提高自己的科技创新水平，对产品进行准确定位，进一步加强工业化生产，才能适应全球化的市场经济。

学习单元 2　新产品开发

一、学习目标

通过本单元的学习，掌握产品开发与试制的方法。

二、相关知识

1. 新产品开发程序

新产品的开发一般可包括如下程序：

（1）调查研究。先要掌握市场需求信息，包括市场的显在需求、潜在需求的大小及今后的发展趋势。同时也要进行技术调研，为已有的产品设想寻求技术上实现的途径，在调研中不可忽视科技引导市场的作用。此外，也要对企业生产经营的社会环境及其发展趋势进行调研，调查研究是新产品项目确定的前途和基础。

（2）新产品开发项目的构思及初步筛选。在上述调查研究的基础上，根据企业的条件和实力，运用市场与技术相结合的办法，初定新产品开发项目的构思。实际上，在调查研究前，总是存在着开发项目的初步构想，通过调查结合实际，进一步形成了若干开发项目的构想创意，这是新产品孕育的开始，接着，要对若干构思方案进行初步筛选，但虽然是初步筛选，但也要慎重。

（3）新产品开发项目的决策。在初选构思方案的基础上，分别形成若干相应的新产品开发项目的方案，然后进行决策。决策的任务，就是对不同方案进行技术、经济论证和比较，新产品开发项目的方案是根据开发目标的要求，对未来产品的基本特征和开发条件进行必要的论证。其中包括：产品特性、产品目标群体、主要性能参数、目标成本、预计市场、开发投资、企业现有生产条件可利用程度、实施方案、投资回收期、社会经济效益等。

评价决策内容一般应包括社会可行性、技术可行性和经济效益三方面，这是判断新产品开发项目取舍的主要依据，新产品开发项目的确定对企业的发展影响是很大的，决策恰当，一经投入生产就会取得成功，为企业带来巨大效益，反之将带来巨大损失。

（4）确定计划任务书及设计任务书。在这一阶段提出新产品开发建议书，由相关人员编写及审议计划任务书和设计任务书。

（5）新产品设计与工艺准备。新产品设计包括产品设计、试制方案设计、小试生产设计等；新产品工艺准备包括产品工艺流程设计、评价与工艺文件的制定、设备准备和日常工艺管理制度的制定。

（6）新产品试制和鉴定。新产品试制常分为两个步骤：

一是样品试制，主要是考验产品设计、验证和修改，使产品设计基本定型。

二是小批试制，主要是考验产品的工艺，与设备是否配套，能否利于工业化生产。

对产品进行技术和经济的全面检查、评价，小试阶段若发现问题，还需进一步改进设计和工艺，直到工艺与设备相匹配，做到工艺简单，易于操作，生产成本控制到最低，才可进行试生产。

（7）新产品的市场开发。新产品的市场开发也是新产品开发的一项重要任务，因为一项新产品开发是否成功，不能只看新产品能否试制出来，还要看新产品的市场是否已开发出来。特别是开发市场上还没有的产品，更需在市场开拓方面作出大的努力。实际上，在开始考虑产品开发时，就要同时考虑市场开发，如能否靠企业自身力量销售等。

1）新产品市场开发工作主要包括以下四个方面：

①市场分析。其任务是对产品销售量作进一步预测，并据以估算收益情况。在新产品开发初期，为了使新产品能适应市场需求，已做了大量市场预测工作，但这只是粗略的估计。在新产品试制成功后，就有必要和可能进一步预测市场需求。

②样品试用。将部分试制品交用户试用，吸取用户意见并及时将信息反馈至有关部门，据此进一步改进设计、生产调试，并作出评价。

③市场试销。目的是在小型市场环境下，考验产品及其包装、广告、销售、技术服务工作，并及时采取措施解决和改进试销中暴露出的问题。

④产品正式投放市场。新产品经过鉴定、试销以后，就可以开始正式投入市场销售，同时，要相应地做好广告宣传等促销工作，并安排好售后服务工作等。

2）影响新产品市场开发的因素主要包括以下5个方面：

①市场细分化。市场是由不同的市场方面组成的复杂系统。对任何一个产品或产品开发部门来说，它只能满足市场一个方面的需要，而不能满足市场的所有需要。所以，要根据人文特点、地理环境、国家和地区、城市和农村、收入水平等，将市场划分为各种类型或区域，为新产品投放市场、进行市场定位打下扎实的基础。

②市场定位。市场定位就是要解决把所开发的新产品投放到市场哪些区域最合适的问题，正确地进行市场定位，对新产品开发显然有重要的作用。在进行市场定位时，一定要从主客观实际情况出发，选择那些发展前途大、销售量大、竞争者较少或其难以进入的市场区域。

③市场经营组合。是将新产品开发的各主要环节，如研究、设计、生产、包装、定价、广告促销、销售渠道、信息反馈及售后服务等一系

列活动，从市场实际需要出发，作出新产品开发的最佳组织安排，以达到新产品开发的最终目标。如前所述，将新产品开发作为企业的一项系统工程，就是这种最佳的安排。

④进入市场。就是新产品打入市场，在市场定位后，就要解决产品如何进入市场的问题。新产品要顺利进入市场，必须具备必要的条件，如销售渠道、方式的落实等。

⑤进入市场时机的选择。

（8）新产品的扩大生产。新产品的扩大生产阶段就是产品开发技术、社会需求、工业化生产良好结合的交汇点，新产品开发的成功，标志着上述三者达到很好的协调。在新产品投入市场的前期阶段，这一阶段的特点是市场对产品的情况不了解，企业应投入一定的资金支持产品的销售。若销售能持续增长，应继续支持；若增长不稳定，停滞或下降，要分析原因，寻求解决办法，必要时将终止投入。

新产品经过投入期后，就要按本企业正常的生产与销售、服务方式进行经营。在经营中不断掌握新的市场反馈信息，一方面进一步发现新产品本身及其销售、服务中的缺点和弱点，并加以不断改进；另一方面酝酿新的产品开发构思，进入下一轮的工作循环。

2. 产品开发方案及其确定

在市场需要的前提下，产品开发方案的确定，要根据本地区的条件、企业本身的情况以及其他条件综合考虑，作出正确的选择。

（1）主产品的选定。一个企业必须有它的主产品，主产品是该企业的支撑点。但主产品并不是一成不变的，例如，一个以生产输电电缆产品为主的电缆厂，可以根据市场需求的情况，调整产品结构，改为以生产通讯电缆为主。化学工业比较复杂，其产品与工艺的多样性就决定了各种化工企业技术经济特性的巨大差异，例如，生产肥料的化工厂与生产电子材料的工厂，在技术管理、经营策略上是截然不同的两个领域。也就是说，你的投资是选择生产肥料还是生产电子材料，将使你所创办的企业进入两个全然不同的领域。即使同是石油化工产品，也有纵向的上游、中游和下游工业之分，还有横向的燃料、化学纤维、塑料、橡胶等之分。

一般而言，企业选定产品的策略主要有如下几点：

1）纵向选择。考虑以现有生产的产品（一次产品）为原料，来生产二次产品、三次产品，以此扩大经营产品范围的一种方式。纵向选择又有向前选择和向后选择之分。向前选择是考虑生产作为现有产品原料的产品。

2）横向选择。生产与原有产品性质相近的产品，以发挥本企业在某种产品生产、推销、技术服务等方向的技术优势。

3）多种经营。指新建项目的产品与本企业原来经营范围完全不同，甚至跨行业。这种产品策略往往出于“分散风险”的考虑，以期在某类产品产销不旺的情况下，另外一类产品仍然能为企业取得利润。

（2）二次加工产品的选定。一个工厂如果只生产少数几种产品，而且这些产品是出售给其他工厂进行二次加工，在生产规模大、成本低、产品运输方便、用户需求很稳定的情况下，这样的工厂还可以生存，但一旦用户不稳定，该企业的生存就会发生危机。为了企业的生存与发展，必须进行二次加工。对于发酵豆制品来说，后加工产品的经济效益往往比主产品高，是利润的主要来源。

3. 新产品开发、设计、试制阶段的进度管理与产品评价

（1）开发设计阶段的进度管理。为确保在既定人数、设备能力、时间和费用的范围内，使开发设计工作如期圆满完成，在开发阶段要进行进度管理。采用的方法是先估计出每一项活动的时间，再将这些时间组合起来形成时间网络，并根据对其的分析，找出关键性时间，从而缩短原来时间较宽裕的工作过程。重要的是消除推迟进度的原因。在产品开发阶段，日程推迟的原因主要有：第一，产品开发的方针不明确，当试生产接近批量生产时，还要作出变更；第二，领导决策较晚；第三，在开发过程中，有些事项较原进度推迟决定或发生变更。

前述日程推迟的原因，主要涉及质量和成本。因此在开发阶段，要明确下一步工作应保证项目和应检查项目，以防止日程推迟和质量、成本方面的问题。产品开发计划必须与质量管理计划同步进行，并努力予以实施。

（2）开发、设计、试制阶段的评价。产品开发、设计、试制阶段的评价，有很多不确定因素。利用可能的、有限的信息，可进行某种程度的预测。通过评价，保证开发项目成功的几率。

1）开发评价。开发阶段的评价，分为预想评价和实际成绩评价。

【案例】　评价新产品大豆蛋白质复合饮料的适宜程度。

影响新产品适宜性的主要因素有：外部因素，如市场性、需求预测、与竞争产品的比较；内部因素，如生产能力、销售能力等。

上述每个因素还可进一步分解为次一级因素，例如，市场性可分为：与现有销售网的关系、与现有生产线的关系、质量与价格的关系、包装大小是否适应消费者习惯、对现有产品销售影响等。对这些次一级的因素，要明确重点，考虑权数，权数合计为10.0，对次一级因素的打分标准是：非常好（10）、好（8）、一般（6）、差（4）、非常差（2）分别乘上根据各因素推测的概率，所得值为期望值。

如上述质量与价格关系一项可作如下计算：

非常好的概率＝0.3，期望值＝10×0.3＝3.0

好的概率＝0.4，期望值＝8×0.4＝3.2

一般的概率＝0.2，期望值＝6×0.2＝1.20

差的概率＝0.1，期望值＝4×0.1＝0.4

非常差的概率＝0，期望值＝0

期望值合计：7.8

将此期望值之和再乘上该项的权数3.0，则该项的加权期望值合计为23.4。对其余次一级因素都可进行上述类似计算，就可求得关于市场性的合计期望值。若将所有因素的期望值合计起来，若超过某个数值时，就认为可以进行试生产，提出试制方案；若低于某数值时，就不采用；若介于二者之间，可重新研究再作评价。

2）评价时的注意事项。在这些评价方法中，各个项目的权数，根据该企业的特点、产品特性等不同而异。评价最好在规划、设计、试制各个阶段进行。不仅对新产品，而且对目前正在生产的产品，也要定期进行这种评价。

（3）新产品开发职能的管理项目。建立开发设计体系后，还要检查体系是否有效地发挥了作用，实现了开发职能。要经常检查产品开发活动是否有效进行，如有修正之处，必须及时修正。新产品开发职能的管理项目包括方针的妥当性，开发所需时间、费用、人员等，开发的反复次数、时间等，各阶段评价的适当程度。对以上这些管理项目，要明确主管人员，检查时间，检查方法，以提高开发活动的成功率。

4. 发酵性豆制品新产品的研发方向

（1）现有的研发问题

1）现有的腐乳产品，为保证其风味和质量，食盐的含量一般控制在10%左右，这大大限制了它的食用范围和数量。如何在实现腐乳低盐化的同时，又保持其特有的风味品质，使腐乳向食疗保健方向发展，也是一个有待解决的问题。

2）传统的腐乳包装多采用瓶、罐装或散装零卖。现在，人们对产品的质量标准、卫生要求越来越趋于高档，对产品的包装要求也逐渐向小型化、透明化、方便化发展，腐乳的传统包装方式显然已不能满足人们的需要。

（2）提高我国腐乳生产技术水平的途径。如前所述，目前我国腐乳生产中存在一些难以解决的问题，由于受腐乳生产传统工艺的约束和当今科技水平的限制，无法找到妥善的解决方法。因此，需要开阔视野，总结经验，将先进的科学技术运用到传统的生产工艺中，开辟新的生产途径，对我国的腐乳生产进行技术革新和技术改造，以提高我国腐乳生产的技术水平。

1）研究酶法工艺。研究酶法工艺取代传统的培菌工艺，减少生产环节，缩短生产周期，在提高腐乳生产的效率的同时，使产品的卫生和质量更符合人们的要求。

目前的腐乳发酵仍多采用前后两次发酵工艺，利用前酵发霉使豆腐坯上长满白色菌丝并产生酶类，为后酵创造条件，而后酵则是将毛坯盐腌，再根据要求加入不同的配料，装坛后进行厌气发酵直至酿成腐乳制品，其实质为生化酶学过程。国内外研究表明，目前的腐乳生产菌株均能产生一定量的蛋白酶，若能对腐乳生产用菌的酶学特性进行深入研究，利用其产生酶液，辅以不同辅料进行腐乳生产，则可大大简化生产工序，缩短生产周期，并减少污染的机会。

2）开发优质药种，选育优良菌株。充分开发优质菌种资源，选育优良腐乳生产菌株，对其生理及代谢规律进行深入研究，利用现代生物技术构建一菌多能或酶活力高的菌种。

菌种的优劣直接影响生产的效果，是优质丰产的前提，要提高我国腐乳生产的技术水平，在利用现有的科学技术对生产菌种不断选育、分离、纯化的同时，对其生理、遗传特性进行更深入的研究，利用现代基因工程技术构建新的优良菌株是一条有效的途径。

3）改良生产设备。改良现有的腐乳生产设备，提高整个腐乳生产的机械化程度。

目前，我国腐乳生产仅一些厂家实现了豆腐乳坯的机械化生产，一些工序阶段还依靠手工操作，大大制约了企业扩大生产的可能，若能实现操作工艺的机械化，则可大大提高腐乳生产的效率，并可保证产品的质量控制。

4）开发无盐或低盐腐乳。开发无盐或低盐腐乳的生产途径，减少腐乳的含盐量，使更多的人接受它，同时不断开发新的花色品种，使腐乳向功能保健食品方向发展，也是发展我国腐乳业的需要。

5）改变包装形式。改变传统的包装形式，如改瓶装、罐装为盒装、袋装，改块状腐乳为膏状、酱状腐乳等，以满足不同人群的需求，同样，也可在一定程度上促进腐乳生产的发展。腐乳是我国的传统发酵食品，在世界范围内受到普遍重视和欢迎。要使之发扬光大，满足当今世界对传统发酵食品日益增长的需求，有必要对腐乳进行更为系统和深入的研究，以推动我国腐乳生产的发展。

学习单元 3　新包装的运用

一、学习目标

通过本单元的学习，能够运用新型绿色包装。

二、相关知识

绿色包装是人们为克服环境恶化、资源匮乏、能源短缺日益加剧的危机，对包装产生的一种新的理念。随着人们对“包装与环境”的认识不断深化，对新型包装材料不断研究，绿色包装逐渐被企业运用，从而保护了环境，保证食品安全。

1. 绿色包装的定义及其分级标准

（1）绿色包装的定义。绿色包装是指能够循环复用、再生利用或降解腐化，且在产品的整个生命周期中对人体及环境不造成公害的适度包装。它应具备以下含义：

1）实行包装减量化。绿色包装在满足保护、方便、销售等功能的条件下，应是用量最少的适度包装。欧美等国将包装减量化列为发展无害包装的首选措施。

2）包装材料应易于重复使用或回收再生。通过多次重复使用或回收废弃物、生产再生制品、焚烧利用热能、堆肥化改善土壤等措施，达到再利用的目的，既不污染环境，又可充分利用资源。

3）包装废弃物可降解腐化。为不形成永久性垃圾，不可回收利用的包装废弃物要能分解腐化，进而达到改善土壤的目的。当前，世界各工业国家都非常重视发展利用生物或光降解的降解包装材料。

4）包装材料对人体和生物应无毒无害。包装材料中不应含有毒性的元素、卤素、重金属，或其含有量应控制在有关标准以下。

5）在包装产品整个生命周期中，都不应对环境产生污染，造成公害。也就是说，包装产品从原材料采集、材料加工、制造产品、产品使用、废弃物回收再生，直至最终处理的生命全过程均不应对人体及环境造成公害。

（2）绿色包装分级标准。绿色包装是一种理想包装，完全达到它的要求需要一个循序渐进的过程，按照绿色食品分级标准的办法，制定的绿色包装的分级标准如下：

A 级——指废弃物能够循环复用、再生利用或降解腐化，含有毒物质在规定限量范围内的适度包装。

AA 级——指废弃物能够循环复用、再生利用或降解腐化，且在产品整个生命周期中对人体及环境不造成公害，含有毒物质在规定限量范围内的适度包装。

上述分级，首要考虑的是解决包装物使用后的废弃问题，这是当前社会保护环境关注的热点，也是绿色包装发展方向的主要内容，它需企业不断地完善，达到绿色环保的要求。

2. 新型绿色包装

（1）纸包装绿色化。纸包装由于无毒、无味、透气等特点，既不污染内包装物，而且能保持内包装商品的呼吸作用，达到较好的储存条件。同时，纸包装易于回收再利用，在大自然中也易分解，不污染环境。纸包装的生产原料来源于可再生的木材及植物茎杆，因而从总体看，纸是性能良好的包装材料。基于以上特点，纸制品包装深受企业的重视。近年来，纸和纸板在与其他包装材料，特别是与塑料和塑料制品的竞争中，新的纸包装不断出现。例如，强化瓦楞纸箱、各种功能纸的应用、涂料纸和复合包装纸的发展等，都为纸制品增加了许多新成员。蜂窝纸板包装箱就是纸包装环保新产品的一员。

蜂窝纸板包装箱是利用蜂窝技术，采取上下两张面纸夹蜂窝纸芯黏合而成。其显著特点是以最少的材料获得最大的承受力，质量轻、用材少、成本低、抗冲击、隔热等，其最大的优势在于无污染、符合现代环保要求。蜂窝纸板全部由可循环再生的纸材制作，使用后可100%地回收再利用，即使弃之不用，也可被大自然降解、吸收，是很好的绿色环保包装材料。

（2）塑料包装绿色化。塑料的优良性能使其尤为适用于作包装材料，其材料性能价格比优于所有的包装材料，因而仅次于纸包装被大量使用。近年来，由于某些塑料垃圾造成了对环境的污染，“白色污染”已成为社会公害。因此，对塑料包装实行绿色化，是根治“白色污染”的有效手段。目前，发达国家主要通过4个方面的途径，即塑料包装减量化、塑料包装再使用、塑料包装的回收利用和开发降解塑料，解决塑料包装与环境问题，取得了一定的成效。除此以外，各国还积极研制开发出塑料包装环保新产品，如水溶性塑料包装薄膜、可食性包装材料、纳米包装材料等。

1）水溶性塑料包装薄膜。它作为一种新颖的绿色包装材料，在欧美、日本等国被广泛使用。其主要特点如下：

①降解彻底，降解的最终产物是 CO_2 和 H_2O，可彻底解决包装废弃物的处理问题。

②使用安全方便，避免使用者直接接触被包装物，可用于对人体有害物品的包装，或不直接接触食品的外包装。

③可热封。

④具有防伪功能，可作为优质产品防伪的最佳武器，延长优质产品的寿命。

2）可食性包装材料。它可以被人食用，也可以自然风化和微生物降解。由此可知，它的原材料必是来自自然界中的植物、动物或自然合成的有机小分子和高分子物质，如蛋白质、氨基酸、纤维素等。近年来，由于包装技术的发展和绿色包装的需求，可食性包装代替塑料包装已成为当前包装业，尤其是食品企业包装的一大热点和全球性的研究课题。有关研究成果显示，它有效地解决了包装污染与环境保护的矛盾。其特点是质轻、透明、卫生、无毒无味，可直接贴紧食物进行包装，保质、保鲜效果好。市场此类包装现已面市。

3）纳米包装材料。由于包装材料耗掉了大量的资源，为此，在提高包装材料性能的同时，包装发展的另一方向就是努力降低材料消耗和减少加工成本，使包装材料减量化，纳米技术由此应用于包装业。在这一方面取得成效的有：中空纳米包装材料的使用，提高了包装的强度、韧性、耐磨性等；高分子包装材料传统性能改进，使产品抗静电；聚酯PET和PBT纳米塑料，具有阻燃性能，阻隔性较纯，可制作食品、啤酒等包装瓶。

此外，金属包装绿色化、玻璃包装轻量化、陶瓷包装减量化和无毒化，都是实现包装绿色化的必由之路，只有这样，才能推进绿色环保包装的发展进程，使食品从内在质量到外在的包装都达到安全、卫生、无毒无害的要求。

第九章 生产管理

第一节 技术管理

学习单元1 质量管理

一、学习目标

通过本单元的学习，掌握质量管理，特别是食品质量管理和现场管理的相关知识，本单元的内容要与《豆制品制作工（基础知识）》中的相关内容结合起来学习。

二、相关知识

质量管理是指在质量方面指挥和控制的协调活动。这些活动通常包括制定质量方针和质量目标、质量策划、质量控制、质量保证、质量改进等。质量管理的发展，是随着工业生产的发展而发展的。质量管理作为企业管理的一个重要职能活动，大体经历了四个阶段：质量检验管理阶段、统计质量管理阶段、全面质量管理阶段和标准质量管理阶段。

ISO 9000 标准族和 HACCP 标准的产生，使世界质量管理进入标准质量管理阶段。中国加入世贸组织后，加快了标准化质量管理的步伐，众多企业学习和贯彻国际通用质量标准。食品企业以 ISO 9000：2000 标准和 HACCP 标准为质量管理和质量保证的主要手段加以实施，取得良好实效。

1. 食品质量管理内容及方法

(1) 全面质量管理（TQM)。全面质量管理就是企业全体职工及各个部门同心协力，综合运用管理技术、生产技术和科学统计方法，建立一整套质量管理工作体系，经济地开发、研制、生产和销售，满足用户需要的高质量产品的一系列管理活动。

1) 全面质量管理的特点。全面质量管理是全过程的，非检验部门一家所能承担，它涉及设计、工艺、设备、生产、计划、销售等各部门。其主要特征是“三全”“一科学”，即全面的质量概念、全过程的质量管理，全员参与的质量管理，以数学统计方法为中心的一套科学的统计与管理方法，有以下特点：

①全面的质量概念。全面质量管理中的质量实际上指的是广义的质量，是一个全面的质量概念。根据国际标准化组织在 ISO 9000：2000《质量管理体系　基础和术语》中的定义：质量是指“一组固有特性满足要求的程度”。定义中并没有将质量限定于产品或服务，而是泛指一切可单独描述和研究的事物，它可以是活动或过程，可以是产品，也可以是组织、体系或人以及上述各项的任何组合。因此，质量概念既可以用来描述产品和活动，也可以用来对过程、人员甚至组织进行描述。这个概念突出反映了质量概念的广泛包容性。

②全过程的质量管理。它要求质量管理过程贯穿于产品的设计、形成和实现的全过程。全面实施以预防质量问题为主的指导方针，形成一个包括市场调查、产品设计、制造及售后服务全过程的质量保证体系。

③全员参与的质量管理。全面质量管理体制的一个重要特点就是要求企业的全体人员都参加到质量管理体制中来。现代企业生产过程极为复杂，前后工序、上下车间之间的工作相互影响、相互制约，只有真正调动所有员工的积极性，全面树立质量管理意识，才能形成一个保证产品质量的工作体系。

④以数学统计方法为中心。全面质量管理通过对问题进行定量分析，掌握质量的变化规律，采取真正有效的措施解决质量问题。它广泛地采用各种统计方法和工具来进行产品设计、分析事故原因、控制工艺过程和检验产品质量，以实现对产品质量的控制。

2）运用 PDCA 循环方法实现 TQM

①PDCA 循环的概念。其概念最早是由美国质量管理专家戴明提出，PDCA 是由英语 4 个单词的第一个字母组成。

P——计划（Plan）：指确定目标、方针和活动计划。

D——执行（Do）：实际地做，按照确定的方针和计划，实施计划的内容。

C——检验（Check）：是指检查执行结果，并找出其中存在的问题。

A——行动（Action）：对检查的结果进行处理，对其中成功之处加以肯定并推广，对其中失败之处加以总结，未能解决的问题放在下一个 PDCA 循环中解决。

②PDCA 循环的特点

a. 大环带小环。如果把整个工作作为一个大的 PDCA 循环，那么各部门、小组都有各自的 PDCA 循环，就如太阳系一样，大环带动小环，一级带一级，有机地构成一个运转体系。

b. 阶梯式上升。PDCA 循环不是在同一水平循环，每循环一次，就能解决一部分问题，取得一些成果，工作就会前进一步，水平也提高一步，到下一次循环，有了新的目标和内容，更上一层楼。

③PDCA 循环的工作步骤和方法。PDCA 循环应用 QC 七种工具为主要的统计处理方法，作为进行工作和发现、解决问题的手段。PDCA 循环的四个阶段又可细分为八个步骤。

第一个步骤：分析现状，找出问题。

第二个步骤：分析各种影响环境因素或原因。

第三个步骤：找出主要影响因素。

第四个步骤：针对主要原因制定措施计划。

第五个步骤：执行、实施计划。

第六个步骤：检查计划执行效果。

第七个步骤：总结成功经验，制定相应标准。

第八个步骤：把未解决或新出现的问题转入下一个循环。

在质量管理、质量控制和质量改进的活动中，经常会碰到两类资料：一类是可以用数字表示的资料，一类是不能用数字表示的资料。对于数字资料的整理、分析和推断，可以应用数字资料的工具和技术，如排列图、直方图、控制图、假设检验和参数评估等；对于非数字资料的加工、分析和判断，可以应用非数字资料的工具和技术，如分层法、因果图、树图、二维分析图、流程图、头脑风暴法等。正确运用上述两大类工具和技术，有助于提高企业的质量管理、质量控制以及质量改进活动的效率和有效性。

（2）ISO 9000 族标准

1）ISO 9000 国际标准产生及发展。ISO 9000 质量管理体系标准是企业标准体系的一部分，它是国际标准化组织在总结发达国家管理经验的基础上，经过几十年时间的不断发展、完善形成的一套管理标准体系，是已经被世界上 100 多个国家接受的先进的科学管理技术。简单地说，它是利用文件作工具，把企业工作的各个环节规范起来，达到保证每项工作质量最好的目的。或者说，它是在一个组织向客户提供产品或服务的过程中，为满足客户的要求或潜在的需要，建立一套文件化的具有可追溯性的质量管理体系，作为内部管理的依据和向客户提供质量保证能力的证据。

2）ISO 9000 族标准的结构。2000 版 ISO 9000 族标准包含核心标准、技术报告、其他标准等 11 个文件，其中 4 个核心标准如下：

①ISO 9000：2000《质量管理体系——基本原理和术语》。该标准提供了质量体系的基本原理，并规定了质量管理体系术语。

②ISO 9000：2000《质量管理体系——要求》。该标准提供了质量管理体系的要求，供组织证实提供满足用户和适用法规要求产品的能力时使用。组织通过有效地实施体系，包括持续改进和预防不合格，使用户满意。

③ISO 9000：2000《质量管理体系——业绩改进指南》。该标准提供了改进质量管理体系业绩的指南，包括持续改进的过程，提高业绩，使组织的用户和其他相关方满意。

④ISO 9000：2000《质量和环境审核指南》。该标准提供了质量和环境审核的基本原则、审核方案的管理、质量和环境管理体系审核的实施，以及对质量和环境管理体系的资格要求提供指南。

3）ISO 9000 族的核心标准机理　　八项质量管理原则。为了更有效地组织实施质量管理，实现预期的质量方针和质量目标，企业必须有一套完善的、行之有效的、普遍适用的质量管理理论。为此，ISO 9000 提供了八项质量管理的基本原则。

①以顾客为中心。

②领导作用。

③全员参与。

④过程方法。

⑤管理的系统方法。

⑥持续改进。

⑦基于事实的决策方法。

⑧与供方互利的关系。

(3) 食品质量控制系统的 HACCP 系统

HACCP 是英文 Hazard Analysis Critical Control Point 的缩写，称为危害分析与关键控制点。HACCP 是一种食品保证系统，是一种食品安全全程控制方案，其基本目的是由企业自身通过对生产体系进行系统的分析和控制来预防食品安全问题的发生。

HACCP 体系是在 20 世纪 60 年代由美国率先提出，并于 90 年代起陆续对一些重要食品制定了相应的技术法规，由于其在实践中取得了明显效果，引起国际上愈来愈受到广泛的关注与认可，一些发达国家或地区乃至国际组织，相继制定或着手制定与 HACCP 体系管理相关的技术法规或文件，作为对食品企业的强制性管理措施或实施指南。HACCP 体系的推行已成为当今国际食品行业安全质量管理不可逆转的发展趋向与必然要求。

1994 年，我国卫生部按照《食品卫生法》的规定，参照联合国粮农组织/世界卫生组织（FAO/WHO）食品法典委员会《食品卫生通则》，结合我国国情，制定了《食品企业通用卫生规范》（GB 14881—1994），作为我国食品企业必须执行的国家标准颁布。

1) 食品安全与卫生的重要性。鉴于食品对于人类生存和发展如此重要，世界各国都将食品安全卫生放在首位，通过制定法规、标准来控制本国生产的食品与进口食品的安全，保护本国消费者的利益。食品安全与卫生的重要性主要表现在三个方面：

①人类健康对食品安全卫生的要求。

②食品贸易全球化对食品安全卫生的要求。

③社会稳定发展和国家安全对食品安全卫生的要求。

总之，食品质量管理对国民经济和人民生活关系极大，必须引起全社会的关注和重视，只有加强食品质量管理，才能确保食品的安全卫生和高品质。

2）HACCP 体系实施的必要性

①把食品生产最终产品的检验（即检验是否有不合格产品）转化为控制生产环节中潜在的危害（即预防不合格产品）。

②用最少的资源，做最有效的事情。HACCP 体系是决定产品安全性的基础，食品生产者利用 HACCP 控制产品的安全性比传统的最终产品检验法可靠。但是，要保证 HACCP 的有效实施，必须有 GMP 和 SSOP 作前提条件。

3）先决条件。有完整的卫生控制计划。一些工厂选择制定《卫生标准操作规程》，也称 SSOP（Sanitation Standard Operating Procedure）。SSOP 列出了各种控制措施以确保以下几个方面的安全。

①接触食品或食品接触表面的水的安全性。

②食品接触表面的状况和清洁。

③防止交叉污染。

④洗手消毒和卫生设施的卫生保持。

⑤防止食品被污染物污染。

⑥有毒化学物质的标识、储存和使用。

⑦员工的健康与卫生控制。

⑧消灭虫害。

SSOP 为非强制性的，但食品加工者还必须有一个自我监控计划，以保证符合《良好操作规范》（GMP）的要求。

GMP（Good Manufacturing Practice）是界定食品加工厂的操作与管理的标准，内容涉及环境、设施、工艺流程、设备、人员等方面，以确保生产出安全的食品。

4）HACCP 的七大原理

原理 1：进行危害分析。

原理 2：确定关键控制点（CCP）。

原理 3：确定关键限值。

原理 4：确定监控程序。

原理 5：确定纠偏措施。

原理 6：建立记录保持系统。

原理 7：建立验证程序。

（4）GMP、HACCP 与 ISO 9000 的关系。食品良好操作规范

(GMP)、危害分析关键控制点（HACCP）系统和ISO 9000标准系列，都是行之有效的食品卫生与安全质量控制的保证制度和保证体系。食品良好操作规范（GMP）是食品企业自主性的质量保证制度，是构筑HACCP系统和ISO 9000标准系列的基础。HACCP系统是在严格执行GMP的基础上通过危害风险分析，在关键点实行严格控制，从而避免生物的、化学的和物理的危害因素对食品的污染。ISO 9000标准系列是更高一级的管理阶段，包含了GMP和HACCP的主要内容，体现了系统性和法规性，已成为国际通用的标准和进入欧美市场的通行证。

2. 做好各项监督审核工作

通过ISO 9000体系和HACCP体系国家认证的企业，按照规定每半年要做一次由第三方（国家批准的认证机构）负责的监督审核，每三年进行一次认证复审工作。其目的是保证企业在贯标实施中的真实性、可靠性、和适宜性，同时也给广大消费者提供企业质量管理的真实水平。这项工作称为外审。企业要按时接受外审，提供各项资料，创造条件配合外审工作。

企业不但要接受外审，还要进行内审和管理评审。企业为使各项标准得到认真贯彻执行并取得良好实效，就要不断自我完善、自我改进，要定期进行内审管理评审。内审工作一般一年两次，管理评审一年一次。内审工作由企业管理者代表组织主持，由资格内审员进行审核。管理评审由企业最高管理者组织主持，由企业所有管理部门进行审核评价。内审和管理评审是企业质量管理工作重要的自我检查、自我评价、自我改进、自我完善过程，企业要按程序、按规定严格进行。

内审和管理评审能够推进质量管理工作，使管理工作收到更大的效益。使企业能够真正与世界接轨。

学习单元2　工艺管理

一、学习目标

通过本单元的学习，掌握工艺管理的方法。

二、相关知识

传统豆制品基本生产工艺是经过近2 000年的不断改进和完善延续

到今天，它是生产实践的不断总结，伴随着科学技术的发展得以不断改进和提高，随着产品的不断更新，今后还将会有更大的改进和提高。但是，在确定产品的生产工艺之后，为了保证产品的质量，必须严格执行工艺规程。在严格执行工艺规程的同时必须不断总结先进经验，发现不足，提出改进意见，按工艺修改程序改进工艺。日常的工艺管理包括以下几方面工作：

1. 认真执行工艺规程

从生产领导到生产工人、检验人员都要严格遵守工艺规程，不能随意改动而影响产品质量。对工艺文件的执行情况要进行定期、不定期的检查，并且采取必要的手段对工艺规程执行情况进行监测。一般企业都有作业指导书，在作业指导书中对工艺要求做了详细的规定。一旦确定工艺文件，生产人员不能随意更改。但是工艺不是不能改变的，改进工艺是企业技术改造的重要内容。改进工艺要在企业部门的组织下，经过研究论证，还要在试验、鉴定的基础上，由技术部门对工艺文件进行修改，经过主要负责人批准实施。

2. 不断改进工艺

随着科学技术的不断发展进步，现行的工艺必定有一些不适应的环节，同时，新的技术也在不断地运用到生产中。不断改进工艺是工艺管理的重点，前面讲过不允许随意改动是对操作人员而言，是阶段性的要求也是相对性的不动，而工艺的改进是长期的，是绝对的，改动要按照科学管理的程序进行。企业领导主管技术部门，生产管理人员和操作人员都应把改进工艺、提高质量、增加企业效益作为重要工作考虑，不断地吸收新技术、新方法，不断地在实践中总结经验，制定改进工艺的方案并加以实施。改进工艺应是上下结合，即操作人员和专业技术人员结合；内外结合，厂内的经验和同行业的经验结合；新旧结合，新技术新工艺与原有技术和工艺相结合；国内外结合，吸收国外先进工艺及经验，与国内先进技术和经验相结合。定期、不定期地组织工艺技术交流，这样才能使企业始终保持技术上的先进性，才能使企业得到更大发展。

3. 工艺培训

工艺培训的重点对象是生产管理人员和生产操作人员。生产工人上岗前必须进行工艺规程的培训，做到应知应会，教育操作人员必须严格遵守和执行工艺规程，对生产管理人员的培训应包括深入了解工艺理论，总结工艺实践经验，学习讨论新工艺方法，提出不断地改进生产工艺的建议，使企业生产工艺在技术上先进，执行中合理，经济效益提高。

学习单元 3　操作管理

一、学习目标

通过本单元的学习，能够掌握操作管理的方法。

二、相关知识

在企业中，操作管理、工艺管理被称为技术管理的基础工作。操作管理工作的好坏直接关系到生产技术水平的发挥、产品质量的优劣、设备利用率的高低、原材料能源的消耗、劳动效率的高低、生产安全等各方面。特别是在劳动密集型的生产中，操作管理的好坏直接影响到企业的经济效益。操作管理的主要内容是操作方法和操作规程的管理。

1. 操作规程

在生产中，每项工艺操作、每台设备的操作，都必须制定操作规程，才能保证工作质量，实现稳定、安全的生产。所以，每个操作工人的工作都必须严格地执行操作规程。工艺规程是制定标准要求的文件；操作规程规定了实际工作中如何正确操作，如何达到工艺标准和要求。如果没有操作规程，谁想怎么干就怎么干，就会出现产品质量不能保证，生产安全不能保证，生产出现混乱的情况。操作规程是最基础的管理规定，没有这一基础管理，其他的管理都会落空。

2. 操作方法

在生产计划中如何做到客观与主观的统一，人和机器的统一，使工作能达到最佳效果，其中间的桥梁就是操作方法。同样的工艺要求会有多种操作方法，同样一台设备，同样的操作规程，会有不同的操作结果，这就是操作方法的不同。技术工人水平的高低，操作方法是重要的差距之一。例如，手工做豆腐，客观条件完全相同而操作者不同，会做出不同质量、不同出品率的豆腐，两者的差距表现在操作技术和操作方法上。优秀的操作方法是操作工人长期工作总结出的科学的工作经验。

3. 提高操作水平

操作管理的工作内容主要是发现和推广优秀的操作方法，使更多的人在工作实践中掌握运用，提高整体操作水平。

（1）经常性的操作练兵评比。企业要对主要生产操作内容进行经常性的操作技术比赛，以发现先进的操作方法，并且促进操作工人研究和总结操作技术。要在工人中进行定期的操作技术评比，使工人的操作技术不断提高。

（2）组织操作人员现场观摩先进操作工人的操作表演，推广先进经验，这是对操作工人最直接的培训。

（3）新、老工人的培训。新工人上岗前必须进行操作培训；对老工人也要按不同级别进行操作技术培训，以保证整体操作水平。

（4）把操作水平的高低、技术比赛的优劣、培训考核的成绩与操作人员的收入、提升直接挂钩，以促进其学习钻研操作技术的积极性和自觉性。

学习单元4 标准化管理

一、学习目标

通过本单元的学习，能够进行标准化管理。

二、相关知识

企业标准化工作对企业生产、经营管理有着直接的影响，同时，企业标准化工作又是整个标准化工作的出发点和归宿。目前，标准化工作已不是一个国家、一个行业、一个企业的标准化，已经发展到国际标准化。随着中国加入WTO世贸组织，产品的市场已不仅是国内，而是世界市场，国际CAC食品法典委员会的主要工作内容就是组织、制定食品的世界标准。国际标准的基础是企业的标准。标准化是合理组织企业生产活动的科学依据，有了标准，各项工作就有了衡量的尺度，就可以减少生产中的盲目性和混乱现象，使管理方法定型，管理程序简化，从而提高企业科学管理的水平。标准化是组织专业化生产的可靠技术基础，标准化能够从技术上保持产品高质量、低消耗、高速度、低成本，使产品在市场上有较强的竞争力。

1. 标准化内容

标准化是指在经济、技术、科学及管理等社会实践中制定并贯彻统一的标准，以求得最佳秩序和社会效益。标准从管理体制划分有国际标准、国家标准、行业标准、企业标准。企业标准化是一项系统工程，它涉及各个方面，按性质可分为两大类，技术标准和管理标准。

（1）技术标准。企业从原料购进到产品出厂各个工作部门都贯穿着工作技术标准。如原料辅料购进标准、生产工艺标准、产品检验标准、产品理化及卫生化验标准、包装标准、产品标准、设备操作标准、能源消耗标准、污水排放标准等。

（2）管理标准。它是企业对管理的规则、规章、程序及其他管理事项所规定的标准。

技术标准是企业标准的核心和主体，它是企业进行生产技术活动的基本依据。管理标准是生产经营、管理活动和实现技术标准的重要措施和保证。

2. 标准化管理的主要任务

（1）制定、修订企业技术标准。企业技术标准内容多，制定标准的工作量非常大，需要收集资料数据、编辑初稿、进行生产验证、上报标准草案等。企业不断研制新产品都要制定相应的技术标准。技术标准还要随着生产、产品的改进不断更新。要根据国家和行业标准的变化，以及相关标准的新要求进行企业技术标准的修订工作。

（2）贯彻执行技术标准。企业制定技术标准后就要使各个工作部门严格地执行标准。同时接受社会各有关部门和消费者的监督。要做好标准的管理工作，必须组织好学习贯彻各项技术标准，同时要加强检验、化验部门的监察手段和方法，使标准得到扎扎实实的贯彻。

（3）不断研究达到标准的方法和手段，配合企业的技术改造，加快技术进步。学习国内外的先进标准，推进企业的高标准，使企业技术在世界领先。

学习单元 5　技术档案管理

一、学习目标

通过本单元的学习，能够管理技术档案资料。

二、相关知识

企业的技术档案综合地反映了企业以往的科研技术工作成果，同时又是企业继续进行生产建设和科技工作的依据，是企业的重要财富。技术档案管理工作同生产管理、计划管理、质量管理等工作都有紧密的联系，是日常技术管理工作的重要组成部分。

1. 技术档案日常管理工作内容

（1）建档管理。立卷归档是档案管理的第一步工作。它包括指导、督促和检查技术文件材料的形成、积累、整理和归档工作，并对案卷质量进行审查、鉴定和接收工作。

（2）对案卷的技术整理，编制检查工具和档案保管。一件技术案卷，接收后要进行整理，编写封面、目录，编制页号，并进行装订。同时进行分类编排，编制手工检查工具，进行主题标引，录入计算机管理。

（3）提供利用。档案不利用就成了死档，对技术管理工作起不到什么作用。但档案利用，内外有严格区别，不能泄露企业的技术秘密。技术档案记录了技术开发的全部工作，所包含的技术资料是最完整的，可以为企业技术人员提供一种思维过程和更细微的工作依据。档案的整理是企业各部门充分利用技术档案创造一切的条件。档案既要得到充分利用，又要保守企业的秘密，这是市场经济中技术竞争的需要。要对档案进行保密级别的分类，并制定借阅规定和对外保密的规定。档案对外使用要有主管领导的批示，要有严格的范围。档案既然是企业的财富，档案对外的服务就要有一定的效益。

2. 档案管理的要求

（1）坚持集中统一管理档案的原则。不能分散各部门，甚至各人留存。要建立严格的归档制度，保证技术档案完整、准确、按时归档。

（2）坚持对口按规定范围利用的原则，不能超越规定范围借阅或借走。

（3）整理和保管好档案，为使用档案提供方便条件。为企业系统积累技术和经济财富。

（4）建立档案管理机构，实行管理责任制。

（5）不断采用现代化管理手段管理档案。

第二节　设备管理

生产设备是现代化生产的物质基础，现在的传统豆制品生产离不开机器设备，如何管理好设备，使其发挥更充分的作用，是现代化企业管理的一个重要领域。

学习单元 1　设备管理的内容和任务

一、学习目标

通过本单元的学习，了解设备管理的内容和任务。

二、相关知识

设备管理是对设备运动全过程的管理。在设备运动全过程中存在两种形态，即设备的物质运动形态和资金形态。设备的物质运动形态是指设备从研究、设计、制造（指自制专用设备）或从选购进厂验收投入生产领域开始，经使用、维护、修理、革新改造，直至报废退出生产领域的全过程。设备的资金运动形态，包括设备的最初投资，维修费用支出、折旧、更新改造，资金的筹措、积累、支出等。设备管理包括这两种运动形态的管理。实际工作中把前者称为设备的技术管理，把后者称为设备的经济管理。

1. 设备管理的内容

（1）正确地选购设备。

（2）合理地使用设备。

（3）及时地维护保养设备。

（4）按计划检修设备。

（5）适时地改造和更新设备。

2. 设备管理的任务

设备管理的基本任务是遵照国家相关法律和规定，通过采取一系列技术、经济、组织措施，对设备实行全过程的综合管理，以达到设备的寿命周期费用最经济，设备的综合效能最高的目标。

学习单元 2　设备的选择与使用

一、学习目标

通过本单元的学习，能够选择设备，并合理使用。

二、相关知识

1. 设备的选择

设备选择的目的是选择技术上先进、经济上合理、生产上适用的设备，以保证企业生产的发展，提高经济效益，实现技术进步。选择设备时，应考虑以下几个方面：

（1）生产性。指的是设备的生产率，一般以设备在单位时间内的产品出产量表示，所选择的设备生产率应与企业生产任务相适应。

（2）可靠性。一般指设备精度、准确度的保持，零件的耐用性、安全可靠性等。要求设备在规定的使用条件下，故障率低。

（3）维修性。指设备结构简单，零部件组合合理，维修时容易拆卸，易于检查，通用化、指标化程度高。

（4）节能性。是指设备节约能源的性能，即设备单位开机时间的能源消耗量。

（5）安全性。是指设备对生产安全的保证性能。如防漏电、防错误操作，避免事故发生的能力。

（6）环保性。是指设备对环境保护的能力。如对排放有害物质，产生噪声等对环境影响的控制。

（7）成套性。指设备的成套水平，使用中有单机配套、机组配套和项目配套。

（8）灵活性。指设备对不同条件、加工不同产品的适应性。

2. 设备经济评价

选择设备除考虑以上各因素之外，还要作设备的经济评价，经济评价的常用方法有：

（1）投资回收期法。投资回收期的计算公式为：

$$设备投资回收期（年）=\frac{设备投资额（元）}{采用新设备后年节约额（元/年）}$$

在其他条件相同的情况下，优先选择投资回收期短的设备。

（2）费用效率分析法。费用效率是指单位费用所能提供的成果，计算公式为：

$$费用效率=\frac{综合效果}{寿命周期费用}$$

其中，综合效果指设备产量、产品的质量、生产的成本、设备的交货期、设备的安全性能、环境保护性能，综合效果的量化数额可按满足以上6点条件下的生产量来考虑；寿命周期费用包括两大部分，即原始购置费用（设备费、运费、安装调试费）和维修费用（能源消耗费、维修费、操作工人工资等）。

3. 设备的合理使用

生产设备是否能得到合理使用，直接影响企业生产的产品数量、质量、设备的使用费等一系列的技术经济指标。合理地使用设备要做到以下几点：

（1）提高设备的利用程度。表现在两个方面，一是提高设备的利用时间，即要充分利用设备可能的工作时间，不让设备闲置；二是提高设备的利用强度，就是要使设备在单位时间内生产出尽可能多的合格产品。

（2）合理安排生产任务。根据设备的性能、结构、使用范围，恰当地安排生产任务。避免“大机小用”“精机粗用”和超规定安排任务，以保证设备的完好性能，延长设备的使用寿命。

（3）建立健全各种规章制度，确保设备的合理使用。如安全操作规程、岗位责任制、定期检查维护规程、操作证制度、交接班制度。

学习单元3　设备的维护与管理

一、学习目标

通过本单元的学习，能够对设备进行维护和管理。

二、相关知识

设备在使用过程中会逐渐发生磨损。磨损一般分为两种形式，即有形磨损（或叫物质磨损）和无形磨损（或叫精神磨损）。设备的维护、修理就是减缓设备的有形磨损速度，延长设备的使用寿命。

1. 设备的维护与保养

设备维护保养主要工作内容是对设备进行润滑、紧固、调整、清洁、防腐等。使设备经常处于良好的工作状态，保证设备的正常运行。

设备维护保养工作按工作量大小和保养间隔时间的不同可分为例行保养（日常保养）、一级保养、二级保养等。具体的维护保养内容方法要根据具体设备确定。

2. 设备的检查与修理

（1）设备检查是对设备的运行状况、工作精度、磨损或腐蚀情况进行检查和校验。其目的是及时查明和消除设备的隐患，针对发现的问题提出改进维护工作的措施。检查可分为日常检查（即每日检查及交接班检查）和定期检查。

设备状态的监测是通过专用仪器仪表科学、准确地进行监测，同时也不可缺少有经验的机修工人以目视、听觉和触觉为辅助的监测。

(2) 设备的修理。修理是修复由于正常或不正常的原因而引起的设备的损坏，修理的基本手段是修复和更换。通过修理和更换已经磨损、腐蚀、老化的零件和部件，使设备的效能得到恢复。修理使设备的有形磨损得到局部补偿。根据修理内容要求和工作量大小不同，修理可分为小修、中修和大修三种类别。具体划分要根据企业实际情况确定。

3. 设备维护的技术经济指标

衡量设备维修工作的技术经济指标有：

$$设备完好率=\frac{生产使用完好设备}{生产使用设备总数}\times 100\%$$

$$设备新度系数=\frac{全部生产设备固定资产净值（万元）}{全部生产设备固定资产原值（万元）}$$

$$设备故障率=\frac{故障停机时间}{生产运转时间}\times 100\%$$

$$单位产品设备维修费用率=\frac{维修费用}{产品总产量}\times 100\%$$

$$设备维修费用率=\frac{维修费用}{总生产费用}\times 100\%$$

学习单元 4　设备的改造与更新

一、学习目标

通过本单元的学习，能够对设备进行改造和更新。

二、相关知识

1. 设备使用寿命

设备的改造是把科学技术的新成果应用于企业的现有设备，改变现有设备的技术面貌，以提高设备的现代化水平。在设备的改造与更新中，要充分考虑到设备的 3 种寿命。

（1）设备的物质寿命。设备的物质寿命是由物质磨损决定的设备的使用寿命。

（2）设备的经济寿命。设备的物质寿命后期，由于有形磨损严重，要依靠高额的维修费用来维持它的运行，继续使用显得不经济。所以，设备要确定其经济使用年限，通常以年平均使用费用最低的使用年限为设备的经济寿命。

（3）设备的技术寿命。由于科学技术的迅速发展，在设备使用过程中出现了技术上更先进、经济上更合理的新型设备，使现有设备在其物质寿命、经济寿命尚未结束前就被淘汰。设备从开始使用，由于技术落后被淘汰所经历的时间为设备的技术寿命。

2. 设备改造与更新

（1）设备改造。设备改造是消除设备无形磨损，延长设备技术寿命的一种措施。设备改造的方法内容很多，例如，改造动力装置提高设备功率；改变设备结构，满足新工艺的要求；改善加工的材质和加工要求，提高设备的可靠性和精度；安装辅助装置；提高设备机械化、自动化程度；改善操作人员劳动强度；降低能源和原材料消耗等。

（2）设备更新。设备更新是消除设备的有形磨损的一个重要手段。科学技术越发展，设备的更新速度越快。所以，设备平均使用年限越短，设备的先进程度也越高。企业选用新材料、新工艺越多，研制新产品越快，设备的更新速度也越快。

设备的改造与更新要同整个企业的技术改造结合起来，尤其要同改造老产品、开发新产品结合起来，成为企业技术改造的有机组成部分。

设备的改造和更新要做好深入的调查研究，认真进行技术经济的论证，要将外购和自行研制相结合，使设备改造更新能为企业带来更好的经济效益。

第三节　工厂布局与车间建设

学习单元 1　工厂、车间布局内容及基本要求

一、学习目标

通过本单元的学习，掌握工厂、车间布局的基本要求。

二、相关知识

工厂企业生产活动的组织管理是从工厂布置和生产组织开始的。工厂布局就是对工厂的各个部分（车间、仓库、办公室等）、生产设备以及厂内运输路线作出合理的安排。它是生产顺利进行，实现科学管理和文明生产，提高企业经济效益的根本保证。

1. 工厂布局的内容

(1) 工厂布局主要包括两项内容：企业总平面布局和车间布局。企业总平面布局即规定企业各车间及其他组成部分的位置。

(2) 企业组成部分

1) 基本生产车间，即生产企业主要产品的车间。

2) 辅助生产车间，即为基本生产车间服务的车间。

3) 服务部门，如企业生活服务、试验、检验、化验、办公、运输、厂内环境保护部门等。

2. 工厂布局要求

工厂布局是一项系统工程，是多个子系统为一个目标的动态组合体。工厂布局必须统筹兼顾，全面安排，才能获得最好的效果。它不但要满足生产方面的要求，而且要满足安全方面的要求；不但要考虑当前生产

的需要，而且要考虑将来生产发展的需要。具体地说，一个合理的布局应当满足以下要求：

（1）有利于生产的正常进行和提高生产的经济效益

1）单一的流向。厂内各个工作点和有效点之间，材料或成品必须适应工艺流程要求按一个方向流动。

2）最短距离。所有产品和材料的移动都是必要的和直接的，而且距离是最短的。

3）最少的装卸。当装卸不可避免时，要减少到最少。

4）进出方便。以生产进行和管理为主目标，便于人员及物料进出。

5）最大的灵活性。企业活动不是静止的，是处于动态发展中的，布局中要有必要的扩展空间。

6）最大限度利用空间。工厂要有立体设计，充分利用上、下空间，充分利用有效的面积。

（2）有利于加强管理

1）最大的协调性。工厂各个部门之间必须相互协调，方便工作。

2）明确的路线。工厂各部位的工作内容明确，进出路线明确，有条不紊。

3）最大的可见性。人流、物流、设备，在允许的条件下最大限度地做到可见性。

（3）有利于保证安全和增进职工健康

1）最大的安全。工厂布置必须防火、防盗、防水、防潮。

2）良好的环境。生产不能对环境造成污染，对“三废”要进行治理，厂内要有足够的绿化面积。

3. 车间布局内容及要求

（1）车间布局内容。车间布局就是规定工艺路线，确定工序划分，安排各种设备的位置。车间的组成部分决定于车间的生产性质和生产规模。一般车间由6个部分组成：

1）生产部分。如豆制品生产从原料到成品阶段。

2）辅助部分。包括液压机房、空压机房、水冷却系统、煤灶间。

3）仓库部分。包括原料库、辅料库、半成品库、成品库、工具库。

4）通道部分。包括运送通道、人员通道、参观通道、紧急通道、防火通道。

5）车间管理部分。包括办公室、资料室、检验室。

6）生活部分。包括更衣室、休息室、浴室、卫生间。

(2) 车间布局要求。车间的组织形式一般有两种不同的专业化形式，即工艺专业化和对象专业化。在工艺专业化的生产单位里，集中着同种类型的工艺设备，进行相同的工艺加工。在豆制品生产中，从原料到煮浆，比较适于工艺专业化的形式；而制作豆腐的生产流水线和豆制品的精加工过程又比较适于对象专业化，即在对象专业化的生产单位里集中为制造某种产品所需要的各种设备。两种方式在一个生产车间内布局需要非常巧妙地结合。车间布局必须符合 3 个基本要求：

1）生产过程的连续性。生产过程各阶段、各工序之间的流动，在时间上是紧密衔接、连续的，不能出现不必要的停顿和等待。

2）生产过程的比例性（协调性）。生产过程各阶段、各工序之间，生产能力上要保持适当的比例关系。生产中不能出现某工序物料的长时间存放，特别是豆制品生产，中间物料的长时间停顿会严重影响产品质量。

3）生产过程的均衡性（节奏性）。生产过程中不能出现时松时紧、忽快忽慢、前松后紧的现象，要能稳定均衡地进行生产。

这些要求落实到车间布局上，需要做大量的准备工作和分析研究工作，有些还要进行调研和试验。这些工作都是必须做的，它关系到企业今后的整体经济效益、生产水平和管理水平的提高。

学习单元 2 豆制品生产工艺特点及布局原则

一、学习目标

通过本单元的学习，掌握豆制品生产工艺特点及布局原则。

二、相关知识

建造一个理想的豆制品专用生产车间是科学生产的重要条件。如果车间建造不符合工艺要求，将会直接影响生产操作、经济效益、产品质量。

新建造生产车间必须是工艺先行，提出合理的工艺方案是建设工作的第一步。要制定合理的工艺方案必须分析豆制品行业的工艺特点。

1. 工艺特点

豆制品生产多年来一直延用的是湿法生产工艺，即原料黄豆经过水浸泡后再进行加工制作各种食品。物料由固体变为液体，再由液体变为固体，整个加工过程离不开水。概括整个生产工艺有如下特点：

(1) 工艺环节多。从原料清理到成品要经过 30～40 道工序，其中，原料浸泡是生产前 8～10 h 浸泡，发酵性豆制品发酵时间较长，其余的工序是在 2～3 h 内完成。工序多，过程时间短，操作比较繁杂，是豆制品生产的突出特点。

(2) 工艺过程中时间控制严格。大豆含有非常丰富的蛋白质，在温度适合的条件下，是微生物最好的培养基。在生产过程中的输送管道内，各种细菌极易繁殖，易使物料变质，所以，整个工艺的每个工序流程时间控制比较严格，在夏季还要采取必要措施。

(3) 工艺环节间的输送距离短。为了保证工艺过程的质量，不但时间要有严格控制，而且输送距离要求在条件允许的情况下越短越好，要杜绝不必要的往复路线。这样不仅可以减少工序过程中物料变质，而且便于生产操作，减少占用车间面积。

(4) 生产中临时停机对工艺影响大。在生产中各工艺环节的参数调整比较复杂，调整到规定数值才能正常生产。如果生产中临时性停机，就会造成浪费，而且会出现工艺不稳定，严重影响加工产品的质量。在设计工艺方案中要考虑到这一特点，努力减少生产中的临时性停机。

(5) 能源配套条件对工艺影响严重。在生产工程中，除机器设备对生产有直接影响外，能源配套条件对工艺也有直接的影响，例如蒸汽的压力、温度，供水的压力流量，压缩空气的压力流量，冷却水的温度、流量，这些对生产工艺都有直接的影响，在设计工艺时必须重点考虑相关的能源配套条件。

2. 布局设计原则

传统豆制品生产按其工艺特点分为发酵性食品和非发酵食品。两类食品前半部分的生产工艺从原料到制坯基本相同，主要区别在后半部分的精加工工艺。发酵性食品要经过前期发酵、后期发酵、包装等工艺；而非发酵性食品在制坯之后要经过炸、卤、炒、熏、包装、灭菌、冷藏等工艺。整个生产工艺可划分为五个阶段：

第一阶段：原料清理阶段，即对原料进行筛选、去石、水洗。

第二阶段：制浆，即对原料进行浸泡、磨制、分离、煮浆。

第三阶段：制坯，即对豆浆进行点浆、蹲脑、压制、切块。

第四阶段：精加工，发酵性食品进行接菌、发酵；非发酵性食品进行各种加工、调味。

第五阶段：包装，对成品包装灭菌、冷却、冷藏（库存）。

在新建车间之前，要进行工艺及布局的设计，根据豆制品生产工艺特点，布局的设计应考虑以下几条原则：

（1）按工艺阶段分格的原则。工艺环节之间要减少操作的互相影响，但又要相互连接，前后顺畅，所以，要按工艺五个阶段相对分格。例如，原料清理与制浆必须分格，减少筛选灰尘对制浆的污染，同时减少制浆水气对干原料存放的影响。制浆和制坯要有分格，制浆部分机器设备比较集中，制坯部分设备比较分散，需要多条生产线。分格的目的是减少噪声和蒸汽的相互影响，改善工作环境。精加工要与成品包装分格，要为包装创造一个非常良好的工作环境，严格杜绝相互污染。

（2）最短工艺路线原则。豆制品生产工艺环节比较多，从原料到加工成品共有二十多个工艺环节，而且在加工过程中各环节之间，液体输送由管道和输送泵完成。半成品的环节之间运输工作量更大，管道过长，蛋白质夏季容易变质，而且管道清洗困难，不利于食品卫生。环节之间的半成品运输过程会增加工人的劳动强度。而且工艺环节之间安排不合理，影响劳动效率，影响产品质量，占地面积大，车间使用效率低，所以，工艺路线要在满足工艺需要，满足操作要求的前提下，根据最短工艺路线的原则设计工艺布局，并且要减少环节之间的工艺往复。

（3）尽可能封闭的原则。传统食品生产过去都是敞开生产，人工操作。随着科学技术的进步，生产工艺的改革，使传统食品的生产实现机械化操作和规模化、工业化。

为了提高加工质量，保证食品安全性，已经把过去的敞开式生产改造为封闭或半封闭的生产，有些部位还实现了自动控制。这就从根本上保证被加工物料不受环境和人为的污染，明显地改善了生产环境和操作水平。在建造新车间前，要充分适用新工艺、新技术、新设备，使生产在封闭和半封闭的条件下进行。

（4）分段监控的原则。传统食品生产工艺控制要努力改变凭经验控制为主的做法，要选用仪器仪表等设备进行工艺控制，同时要采取阶段监测控制的方法，这样可以保证每个工序、每个阶段的工艺质量，使最终的产品质量有可靠的保证。各阶段的工艺监测控制数据手段要科学合理，仪器设备要准确可靠。

（5）便于消毒清洗的原则。在食品生产过程中，容器设备的消毒清洗是每天班前班后都必须进行的工作，在工艺布局时要充分考虑各工序环节间的卫生清洗。有些封闭设备、管道还要设置 CIP 清洗站，可拆卸的设备都要创造拆卸条件。生产全过程的安全卫生是工艺布局必须设计的内容。

学习单元3　车间建筑及其配套设施的要求

一、学习目标

通过本单元的学习，掌握车间建筑及其配套设施的要求。

二、相关知识

豆制品生产车间与一般工业厂房不同，其行业特点比较突出，在建造车间前必须对建筑形式、规格、内饰条件提出具体的要求，建筑设计人员才能根据行业特点和要求，按照相关建筑规范，设计出符合要求的厂房（车间）。

1. 建筑要求

豆制品生产车间因生产中蒸汽、水汽比较大，应具有良好的通风条件，达到排气、防腐、防霉，并要有利于卫生清洗的内墙、顶、装饰条件，有足够的采光。

现按非发酵性豆制品班投料 5 t 的生产能力，提出建筑的具体要求。

（1）建筑厂房的高度及跨度。厂房的建筑面积是根据生产能力和工艺要求确定的。班投料 5 t 的生产车间建筑面积应在 1 600～2 000 m^2。厂房的柱高在 4.5～5 m，厂房的跨度应大于 18 m。

（2）厂房的结构形式应以框架、现浇、砖混等形式比较适用。近些年也有些地区使用钢结构和彩钢保温板厂房。采用钢结构和保温板，在潮湿的车间内，防腐、防霉的难度很大，代价也很高，而且使用年限在不潮湿的环境中只能保质 20 年，建议尽量不采用。

(3) 厂房墙壁及房顶的保温。豆制品生产车间内水蒸气比较大，到了冬季车间内有严重的雾气，如果墙和屋顶保温不好，没有防结露的措施，就会产生严重的凝结水滴落，影响工艺操作，造成污染，所以车间的墙壁屋顶要作保温防结露处理。有些地方提出房顶加大坡度，使滴水从斜坡流下来，这在实际中是无法实现的，除非房顶坡度在60°以上，但现实不可取。

(4) 内墙壁、内顶防霉、防腐处理。由于车间内潮湿，水蒸气对墙的腐蚀性加大，同时各种霉菌在温度适合的情况下大面积繁殖，使用一年的白墙全部变黑。所以车间内墙、内顶要作防霉、防腐处理，可贴瓷砖，也可采用防霉、防腐、防水新型涂料，使霉菌没有生长的条件，同时可以定期用水清洗，这样就可以保证车间的环境清洁。

(5) 地面防滑、防腐。豆制品生产车间的地面，要做到防腐、防滑。经过多年多种方案实践总结，生产车间采用贴花岗岩厚地面砖，防滑、防腐、耐热效果比较理想。另外，地面与墙结合角，应为45°斜角，以减少杂物积存，便于卫生清理。

(6) 地面排水沟底暗上明。生产中及清理卫生时排水量比较大，一些厂为了排水方便，车间内设置明沟排放污水，虽排水方便，但地沟内的污浊气体进入车间，造成生产环境的污染。应采取潜排水沟上面加活动盖板，潜排水沟内设暗地漏，这样既便于排水，又便于清刷明沟，还能防止地沟内的污浊气体进入车间。另外，豆制品生产排污水量和清洗卫生排水量比较大，排污管道一定要有足够的排放能力。

(7) 车间门窗。生产车间的门窗设置要能给车间创造良好的采光条件和自然通风对流条件，对流方式以下进上排最为理想。门窗材质的选择要能防水、防腐，便于清洗，开启方便，并且要有防蚊蝇、防鼠的纱窗和门档。

(8) 工作人员进出车间的卫生清理装置。食品生产车间工作人员进出车间都要进行严格的个人卫生清理。进入车间要走专用门，然后进入更衣室、淋浴室、风幕除尘室、胶鞋消毒池、手消毒清洗、烘干设施。同时还要设计工人休息室、卫生间。这一切的设施是为了保证生产车间的洁净，设计厂房时都要同时设计。

2. 车间配套设施要求

生产车间不仅要从建筑上创造良好的工作条件，而且还要在其他设施上创造辅助条件，进一步改变生产环境，克服生产过程给工作环境带来的影响。

（1）良好的通风排气。豆制品生产车间夏季室温高，冬季车间内热气大，特别在北方严寒的冬季，车间内热气非常严重，所以通风排气非常重要。做好通风排气，既可改变生产环境，又能有效地防止车间墙壁屋顶的霉变，保证环境卫生。搞好通风排气可以从3个方面着手：

1）对重点工序产生的热气安装排气罩直接排到室外。

2）选择或在制作专业设备时尽量做到密封或半密封的形式。

3）增加通风设备，夏季自然通风和机械通风相结合，冬季供热风和排热气相结合。系统通风按照下进上排的通风路线设计，并应保持车间内的相对正压。

（2）采暖。冬季提高车间室温的主要方法是靠采暖设施，为了进一步减少生产车间的蒸汽和湿热空气，保持车间的温度和环境，应设计充足的采暖面积，使室内温度保持在15～20℃。增加采暖设施还可以有效地减少热气，具有干空吸湿的效果。采暖所用的暖气片最好用铸铁片，不用钢片，钢片不耐腐蚀。安装位置应距地面300 mm以上，便于地面清理卫生。

（3）照明灯具。一般工业厂房为了均匀照明，广泛采用吊链或吊杆的灯具，选用这种灯具，灯杆、吊链很难进行卫生清理，一旦生长霉菌也无法清理，影响生产车间卫生。可采用封闭侧照式灯具，这样房顶整洁，灯具清理也方便。按食品卫生要求不能选用玻璃罩灯，一旦玻璃破碎将影响食品安全，一般选用有机玻璃或其他不易碎的新材料灯罩。

（4）管道的合理安装。豆制品生产车间工艺、设备、能源管道很多，如果不统筹设计，合理安排，就会出现纵横交错，乱七八糟的现象。应在车间周边设计多层管道支架，最上层为蒸汽、供暖管道，中层为工艺管道，下层为供电控制线路的桥架。有些管道需要跨越车间的应提前预埋在地下，减少车间的横向穿行。

学习单元4　设备及能源配套要求

一、学习目标

通过本单元的学习，掌握设备及能源配套的要求。

二、相关知识

生产工艺确定之后就要选择生产设备。

1. 生产设备选择的原则

生产设备选择的原则有 4 条。第一，充分满足工艺要求；第二，设备技术先进、节能；第三，易于操作维修；第四，安全可靠。除以上 4 条原则以外还应根据豆制品生产特点，强调以下各点：

（1）努力选择新型设备。新建豆制品生产车间是进行工艺设备技术改造的最好时机，不论工艺设计还是设备选型，都要认真研究和改进以往的不足，并努力吸收国内外的新技术、新工艺、新设备。在选择设备方面从几个方面努力，一是自己研制改造原有设备，二是选用其他先进食品生产行业的设备，三是选择国内外专用的先进生产设备。特别是学习和选用相近行业的先进设备，例如乳品行业、粮食加工行业、淀粉行业等，以加快豆制行业设备更新改造。

（2）双机并运。生产车间的设备最好采用双套设备并肩运行的配套方式，主要原因是豆制品生产受各方因素的影响，生产变化频繁。双机并运可做到生产调整灵活，减少设备运行的浪费。另外，双机并运有利于设备的维护检修，保证设备的完好状态。

（3）设备的前后配套。全套生产设备的配备，必须做到各环节之间的前后匹配，才能做到生产稳定。如果设备不匹配，就会造成生产的临时性停机。临时性停机会对生产工艺、产品质量造成影响，降低经济效益，也给操作人员带来很多不必要的麻烦。

在选择设备时，生产能力一项要作详细的计算，并充分考虑生产中可能出现的各种因素。在制浆工艺中，工艺环节之间要配备一定量的储存罐，减少临时停机，保证生产的连续性、稳定性，保证工艺要求和产品质量。

（4）设备制作选择防腐材料。豆制品生产过程离不开水，生产所排放的黄浆水有一定的酸性，对容器、设备、管道具有腐蚀性，同时，清理卫生时还要用火碱溶液清洗，一般碳钢无法承受酸碱的腐蚀，同时也不利于食品卫生。从延长设备的使用期和有利于卫生清洗，保证食品卫生两个方面考虑，均应选用不锈钢材质制作设备，特别是直接接触豆浆的容器、管道选用不锈钢材质，才能做到卫生、耐用、美观。虽然一次性投资大一些，但使用年限长，保证卫生，对企业的文明生产意义深远。

（5）设备、容器尽量做到封闭或半封闭。在豆制品生产工艺环节中，有很多设备是使用蒸汽的，例如煮浆加温等，有些环节产生热气，例如过滤、点浆等。这些蒸汽和热气散发会影响车间的工作环境，冬天车间热气大影响工人操作，而且墙壁屋顶会产生严重的冷凝水；夏天则增加室内温度和湿度，使车间环境不好，同时墙壁屋顶生长霉菌严重。所以，在选择或制作设备容器时，要尽量选择封闭或半封闭的形式，有利于节约能源，改变生产环境。采用封闭或半封闭式的设备也有利于食品卫生控制和卫生清洗。

（6）防止噪声和振动。在建造新生产车间时要特别重视环境保护，为操作工人创造良好的工作环境，对噪声和振动要有有效的克服措施。在容易产生噪声的设备上应增加消声装置；对有一定振动的设备要增加防震装置；对有一定振动的设备安装时要尽量分散，不要过于集中；另外，有一定振动的设备应尽量安装在地面，并做好设备基础，不要安装在钢制平台或水泥架构上，防止产生共振。

2. 能源配备原则

目前使用的能源分为两类，即一次能源，如煤、水；二次能源，如电力、蒸汽等。能源是工业生产不可缺少的基础条件，有些能源是不能够再生的，合理使用能源和节约能源，是关系到整个国民经济发展的大事，也是企业生产需要优先考虑的大事。

（1）供水。水是豆制品生产必备的能源条件，水的用量是根据生产规模和生产内容确定的。

1）供水标准。豆制品用水的标准是国家饮用水的标准。供水的渠道，一是城市自来水系统供水，二是自备井地下水源。不论采用哪种方式供水，供水的压力都要在 0.2 MPa 以上，并且要求水压稳定。

2）管网配备。在管网配备上，要按工艺需要和卫生清洗需要，就近供水，开关方便。并且安装水表计量，选用先进的节水型阀门。

3）循环用水。生产中工艺冷却性质的用水，必须采用循环用水设施，以节约用水。

4）卫生清洗用水。能够安装封闭循环清洗或清洗站的设备、容器、管道均应采用封闭循环清洗；不能够封闭清洗的容器、设备要先用节能水清洗。

（2）供电。生产车间供电有两部分，即照明供电和动力供电。

照明用电 220 V，动力供电 380 V，总功率的计算按配总容量计算。适当留有调整、发展余地。

1）照明供电。生产车间夜班生产要有足够的满足工人操作的照明条件，以多点、小功率就近开关的方案布局。选用防水防潮的节能灯具及开关。

2）动力供电。动力供电的总功率是根据装机容量并充分考虑到较大设备启动电源因素配置的。动力分配电操作系统，要根据设备的安装使用情况确定，动力配电柜要有防潮、防水措施，以安全、方便操作和合理分配为原则。

整个生产车间要设置环形接地网，埋设深度不应小于 0.6 m，其接地电阻要在 10 Ω 以下。车间顶部设置防霉装置，并设置单独接地网。

（3）供气。豆制品生产蒸汽用量比较大，蒸汽压力一般要求在0.3～0.6 MPa，蒸汽管网的配备要求使用无缝钢管，并做保温。车间内设置分气缸、压力表、安全阀。管道系统要设置冷凝水回收输送系统。

学习单元 5　车间建筑及布局实例

一、学习目标

通过本单元的学习，了解车间建筑的设计及布局。

二、相关知识

1. 平面布局实例

平面布局是指生产全过程的工艺和设备在一个水平面上，按单一流向布局。

实际布局中将生产工序分外 4 个工段，每个工段之间做建筑上的分格，东间坐北朝南，南北通透，具有良好的采光通风排气效果。

平面布局的实例如图 9—1、图 9—2 所示。

2. 立体与平面结合布局实例

立体布局是将工艺设备按自上而下的流向布局。豆制品生产前半部分适宜立体布局，后半部分立体布局弊端较多，比较适宜采用平面布局。立体与平面相结合的布局正是吸收了两种布局方式的优点，克服了单一布局方式上的不足。这种布局方式比较适用于场地较小的生产厂区。

立体布局与平面布局结合的实例如图 9—3、图 9—4、图 9—5 所示。

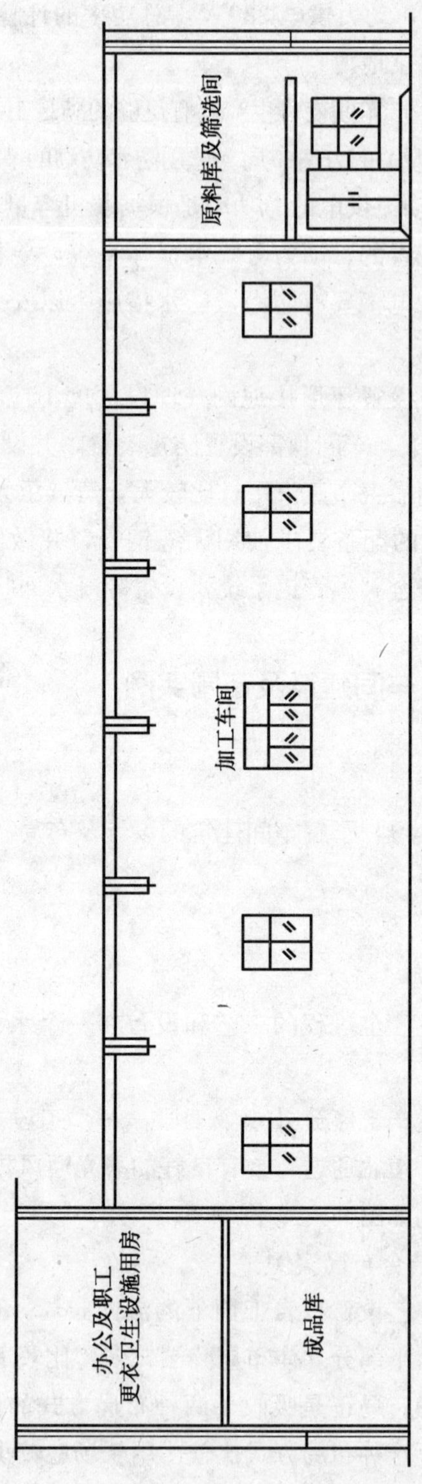

图 9—1　平面布局实例一

原料仓库
筛选
豆渣
局部二层
煮浆
泡料
磨制
分离
豆腐生产线
包装豆腐灭菌线
豆干生产线
豆干生产线
卤制
炸炒
包装灭菌
通道
成品仓库
库房办公
局部一层

办公室
休息室
更衣室
更衣室
卫生间
卫生间
浴室
浴室
局部二层

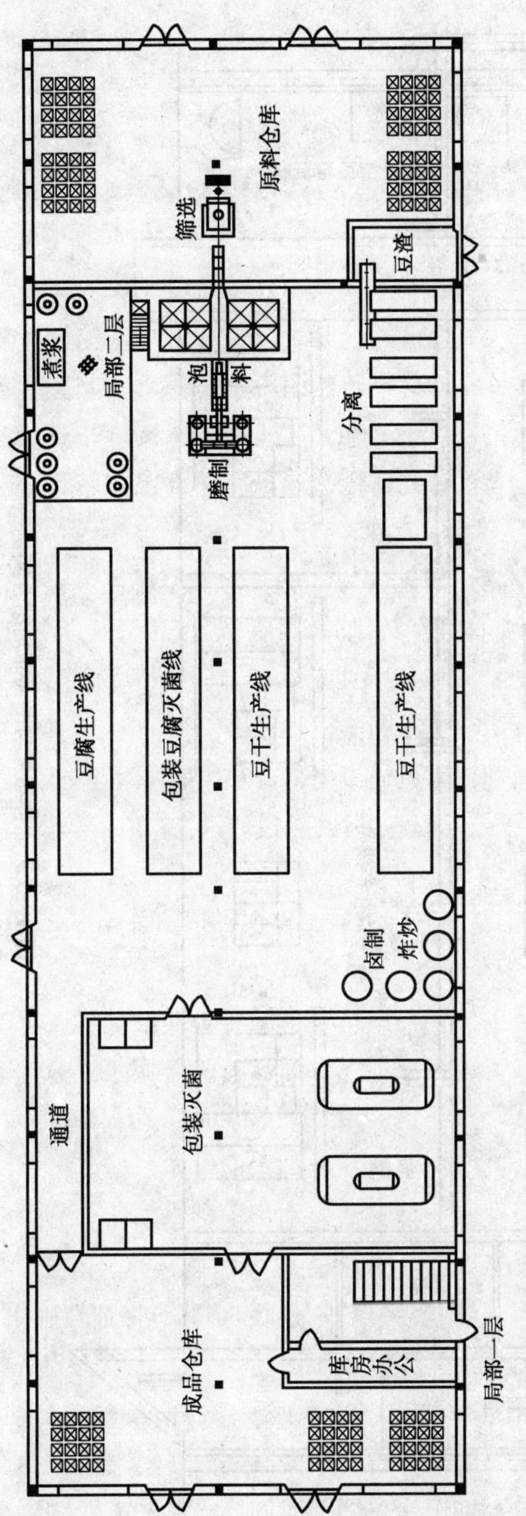

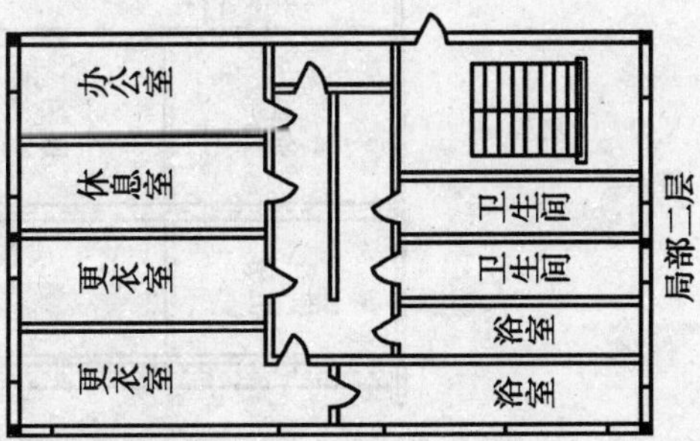

图 9—2　平面布局实例二

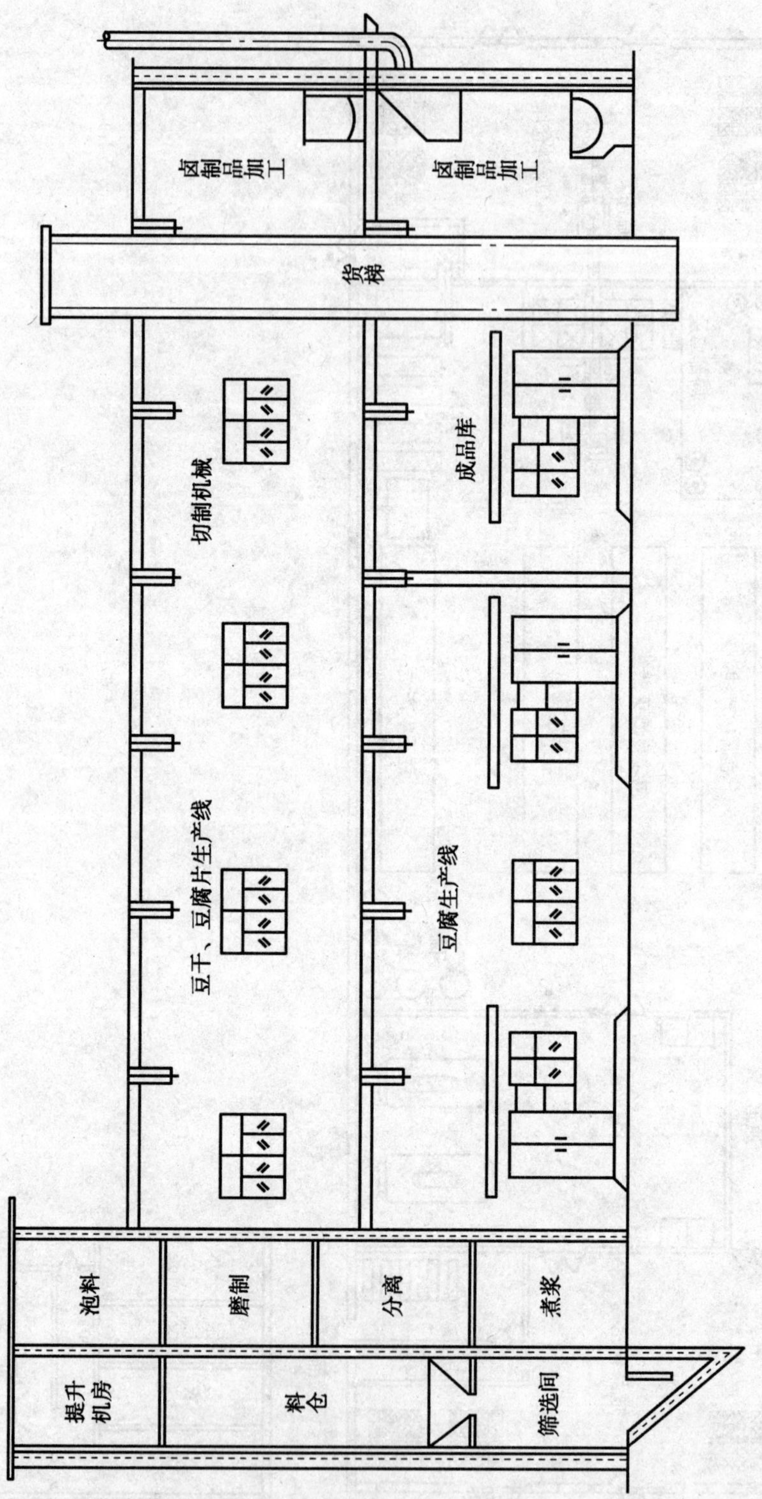

图 9—3　立体布局与平面布局结合实例一

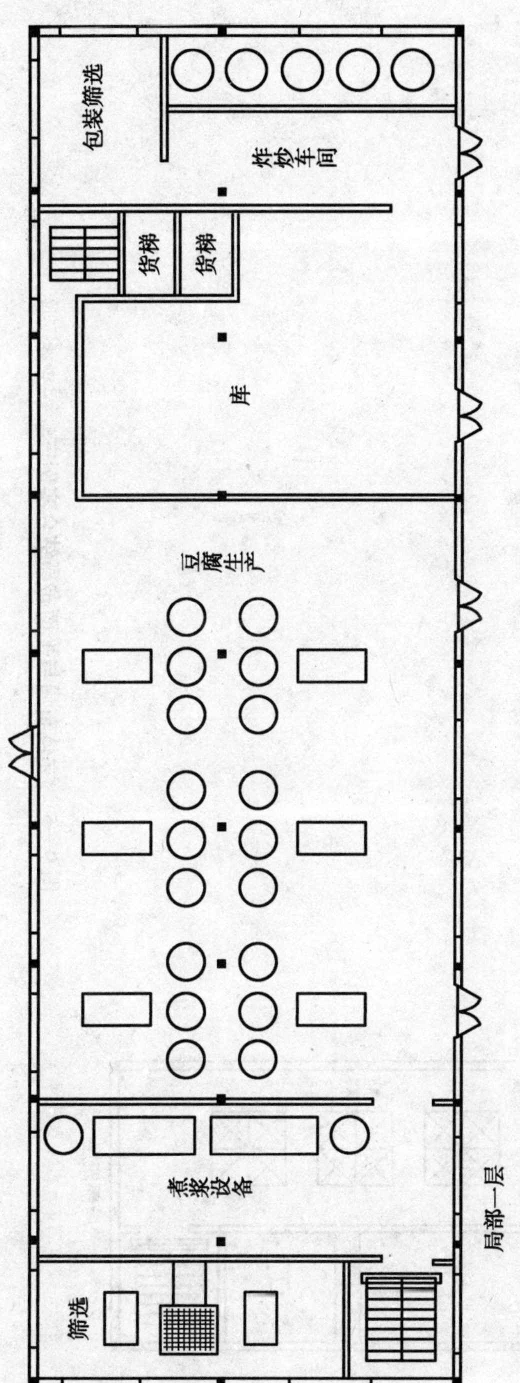

图 9—4 立体布局与平面布局结合实例二

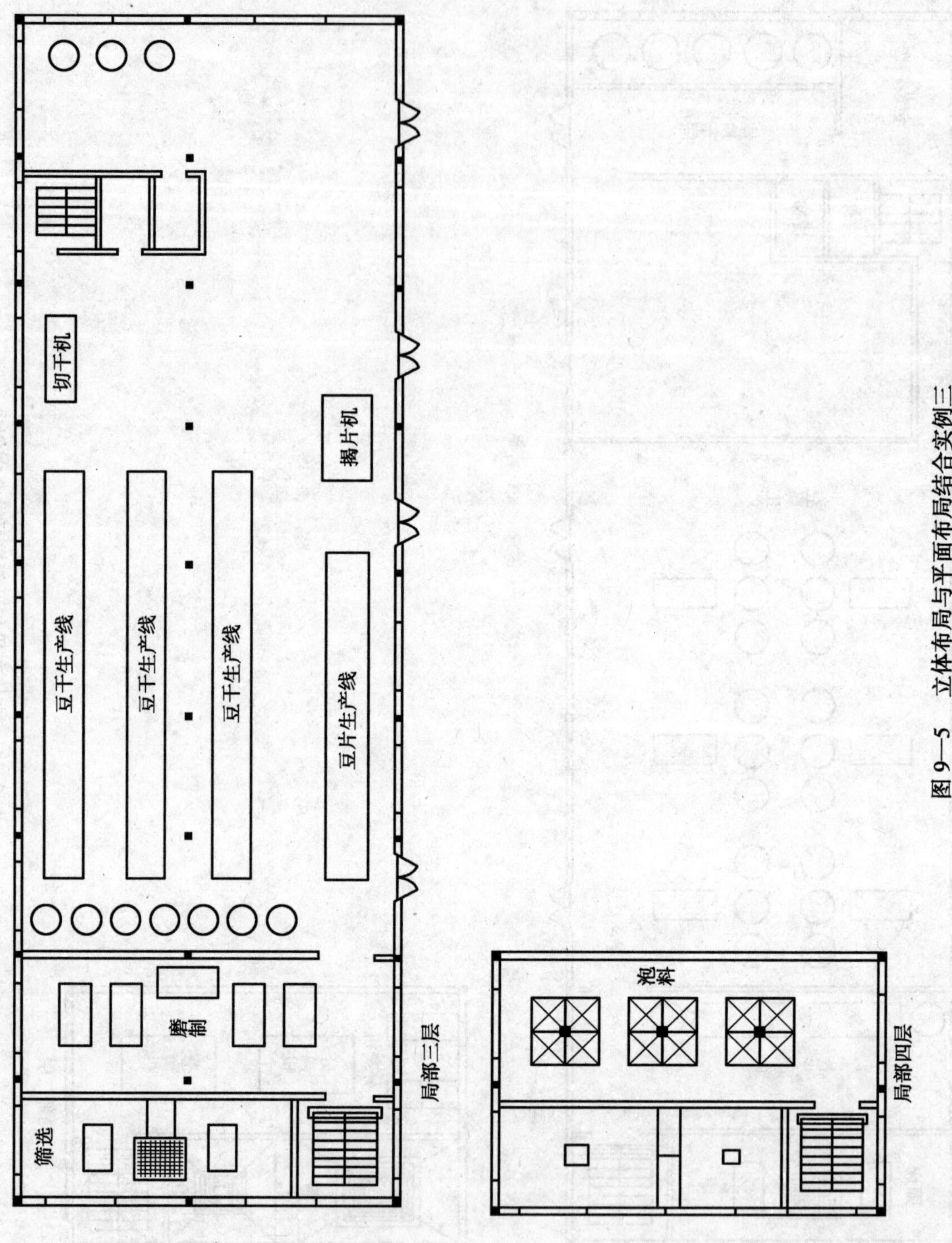

图 9—5　立体布局与平面布局结合实例三

第十章 培训指导

第一节 组织培训

学习单元1 培训原则与培训方法

一、学习目标

通过本单元的学习，掌握培训及其考核方法。

二、相关知识

培训是指组织实施的有计划、连续、系统的学习行为或过程，其主要的目的是通过对豆制品生产工进行相应技术等级的知识、技能、态度以及作业行为培训，使其能够按预期的标准或水平达到各级豆制品生产工的要求，同时提高培训教师指导教学的专业技术能力。

在对各技术等级技术工人进行培训时，应把握以下几点：

1. 确定培训的原则

（1）岗位定向。岗位定向是指从企业的实际情况和发展需要出发，有目标、有计划、有针对性地对技术工人进行岗位定向培训，使之在豆制品专业领域内的理论知识和实际操作水平达到专业化的要求，使技术工人的技术结构逐步趋向合理化，以适应社会化大生产的条件下，对技术工人更高的技术要求和趋向规范化的要求。

（2）按需施教。技术工人岗位培训的对象是各技术等级企业的在岗劳动者，培训的内容应具有很强的针对性和应用性，要本着“干什么学什么，缺什么补什么”的原则，做到主次分明，重点突出。在培训的方法上也应根据实际需要来选择，并且紧密结合岗位实践。只有按需施教，按岗位培训，才能有效地提高技术工人的业务技术水平和实际工作能力，才能有助于解决生产中出现的各种问题，使培训成果很快反映到提高生产效率和产品质量上来。

（3）注意技能培训。技术工人培训，一个突出的特点就是通过培训提高操作技能，这是关系到企业发展的关键。因此，必须处理好技术理论知识与提高操作技能相结合，并注重技能的训练。

（4）重视培训内容。在培训内容上，要做到基本知识、基本理论、基本技能相互联系，精选与本专业生产实际操作技能有关的技术理论知识，着重加强基本操作技能的训练，做到应知应会，提高工人全面的专业知识水平。

2. 培训方法

由于豆制品工人的工种分为发酵型和非发酵型两种，且每一工种又分为不同层次和等级，因此，培训的形式和方法更要注意从实际出发，采用多种形式、多种方法来组织培训。

（1）基础技术理论的学习。要按照技术工人和普通工人，以及不同层次的初、中、高级技术工人的不同要求，采取不同的学习形式，如通用部分集中学习、相邻岗位合并学习、差异岗位分别学习。即文化课与基础课统一集中授课；同一工种的专业基础课统一上课；专业技术课另行组织教学，分别学习。课堂教学是技术理论教学的基本形式。同时，可采取电视教学与课堂辅导相结合的形式。

（2）操作技能的训练主要采用现场教学的方式。即组织员工直接在生产、工作、试验的现场进行技术要求和设备操作的讲解和技能训练。现场技能培训的形式很多，包括现场示范讲解、现场模拟操作、事故预想分析、岗位练兵、设备维护保养操作、技术表演等。在培训中，从着重提高技术工人的实际操作能力和应变能力出发，将多种形式结合起来使用。

3. 培训考核

考核是培训过程中非常重要的环节，这一点在技术工人培训中尤为重要，必须切实把好这一关。技术工人培训考核的基本内容包括 3 个方面：工作表现、技能知识和实际操作技能。

（1）工作表现考核。指参加培训后的技术工人在岗位上的实际表现，包括工作态度、操作水平、安全生产、产品质量和数量等各个项目。工作表现的考核，在加强班组日常管理的基础上，可采取定量为主、定性为辅的方法，明确评分标准，定期进行综合评价。

（2）技能知识考核。应以笔试为主，口试为辅，定出合格分数线。考试试题类型要多样化，每份试卷中的问答题和计算题，应根据培训对象的层次高低不同而有所区别。层次越高则问答题所占比例应越大。而且较高层次的要着重考核分析解决技术或专业问题的能力，不要过多地让工人死记硬背。

（3）实际操作技能考核。实际操作技能考核应实行现场操作，全体监考人员满意才能算通过。

技术工人的培训考核要由指定的职业技能鉴定部门通过，发给相应的技术等级证书。

总之，提高技术工人的综合素质是提高企业产品质量的根本保证，也是企业生存的保证。因此，企业必须重视对技术工人的培训。

学习单元 2　培训流程及培训计划书的编制

一、学习目标

通过本单元的学习，了解培训流程，能够编制培训计划书。

二、相关知识

1. 培训的流程

培训项目的全过程，按时间顺序应包含：需求确认、培训计划、教学设计、实施培训、培训反馈 5 部分。

（1）需求确认。它主要是确定此项培训是否可行，什么方面需要进行培训。这就要对培训对象的需求进行分析，以此确认培训实施的有效性。

（2）培训计划。它是在培训需求确认后，对培训内容、培训时间、培训地点、培训对象和培训方式等进行的预先设定。

1）确定培训内容。依据不同等级技术工人的技术需要，确定不同的培训内容，尽量避免确认偏差，保证培训的效果。

2）确定培训时间。确定培训内容后，要结合企业生产经营的实际，根据技术工人工作性质的差别，确定培训的时间。一般来说，技术工人等级培训，阶段性较强，人员因素、企业环境因素和办学条件等都会对该项培训造成一定影响，因此，要予以充分地考虑，取得领导的支持，尽量做到合理安排，克服工学矛盾。

3）确定培训地点。分室内培训与室外培训两种。对培训教师来说，主要确认教学设施、场地是否符合培训要求。

①室内培训。在室内进行的培训主要是理论培训，因此，需要培训教师掌握参加培训的人数、适合的教具、培训室的大小、投影设备、灯光以及备用教学器材等。

②室外培训。通常指现场操作培训。培训教师需要确认现场操作的场地是否适宜培训工作的开展、场地内设备设施是否能够符合技术工人操练要求等。

4）确定培训对象。培训教师要确定此项培训是否针对该技术等级的工人。

5）确认培训方式。它主要有两种选择，一种是外派培训，另一种是内部组织培训。选择哪种培训，主要从培训效果和培训成本两方面考虑，看哪种培训更有效，并且能节约一定的费用。

（3）教学设计。它是进入实质性培训工作的第一步，这个阶段工作的好坏将直接影响技术工人对培训内容的接受程度。在这一阶段的工作中，培训教师要独立确定教案，对接受培训的技术工人进行分析，以便确定培训的形式和方式。

1）确定教案。培训教师对所要教授的内容，或者培训内容进行分析，为今后教学计划的实施及培训形式和方式的确定做准备。

2）技术工人分析。培训教师对接受此项培训的技术工人的学历背景、工作经验、素质状况等及时掌握、了解，并要进行综合分析，由此确定培训形式和方式。

3）选择、确定培训形式和方式。它是通过培训教师对培训内容和接受培训的技术工人情况的分析来确定的。对于不同的内容，要采取不同的培训形式；对于不同素质、不同水平的技术工人，也要采取不同的培训方式。

（4）实施培训。它是指培训教师在规定的时间、场所对所确定的技术工人进行培训、考核和考评，以此来检验技术工人对培训内容的实际掌握程度。

（5）培训反馈。它是培训工作修正、完善和提高的必要手段，是培训工作中不可或缺的一个程序。包括培训教师考评、培训组织管理考评、应用反馈和培训总结、资料归档。

1）培训教师考评。是由培训组织管理部门，组织接受培训的技术工人对培训教师进行考评。目的是为下次相同内容培训的培训教师选择做准备。此考评多采用不记名问卷形式。

2）培训组织管理考评。是由培训组织管理部门，组织接受培训的技术工人对培训内容、培训时间、培训形式等进行的考评，以便改进企业培训组织管理工作。

3）应用反馈。是在培训后，接受培训的技术工人到工作岗位上工作一段时间后，对其接受培训情况进行考查的一种方式，以此来改进培训工作。

4）培训总结、资料归档。培训教师在每次培训工作结束后，都要对该项培训进行总结，以便为今后培训效果的提高提供依据。同时，还要将有关的培训资料及时编辑归档，以利下次培训借鉴之用。

2. 培训计划书

培训计划书是关于培训计划制定结果的一份文字报告，其作用是明确整个项目的细节，同时，充分陈述项目的意义、作用和效果，简化培训程序。下面以表的形式，举例说明制定一份培训计划书（见表10—1）。

表10—1　　培训计划书示例

培训项目名称					
培训目的					
培训对象					
培训时间					
培训内容					
培训步骤					
培训方式					
注意事项					
预期效果					
制定人		所在部门		制定日期	

培训计划书的要求：

（1）项目名称要尽可能详细地写出，不能有空项或表述不清的地方。

（2）应写明培训计划制定人姓名、所在部门、制定日期。

（3）培训计划目的要尽可能简明扼要、突出重点。

（4）对计划中出现的问题，要在注意事项中全部列明，不应回避，并阐述制定人的看法。

（5）详细阐述培训的预期效果，并解释原因。

第二节　编写培训讲义

学习单元 1　培训讲义的编写

一、学习目标

通过本单元的学习，能够编写培训讲义。

二、相关知识

1. 培训讲义撰写要求

高级技师凭借自己高超的技艺和丰富的经验，针对生产的需要，紧密联系生产实际选题，如以本企业生产中具有实践性和针对性强的操作技能、工艺设备的操作要领和质量控制等为选题，使培训达到立竿见影的效果。

（1）讲义撰写应尽可能详细，至少应包括专题讲座所涉及的每一个要点。

（2）至少要对所讲专题涉及的主要理论问题有一个清楚的认识，对理论的起源、演化及其内在的逻辑有一个总体的把握。

（3）尽可能避免用有争议的理论作为分析问题的主要依据。

（4）要尽可能地做到内部逻辑的一致和逻辑推论与经验事实的一致。

（5）提出的建议要有可操作性。

2. 讲义撰写规范

订立讲义撰写规范，目的是为了提高讲义撰写质量，发挥其有效传播知识及提高培训教学影响的作用。

（1）讲义用纸、页眉、页边距、字间距和行间距

1）讲义用纸。培训讲义用纸一律为 A4 纸。

2）页眉。在每一页的最上方，用 5 号宋体，居中排列，页眉之下应画 2 条线。如开始页的页眉为“豆制品制作工高级工培训讲义”。

3）页边距。页边距设置采取以下方式：上边距 2.54 cm，下边距 2.54 cm，左边距 3.17 cm，右边距 3.17 cm，装订线 0.5 cm，页眉 1.5 cm，页脚 1.75 cm。

4）字间距和行间距。字间距设置为标准字间距，行间距设置为标准行间距。

（2）讲义用字、编辑

1）讲义一律使用简化汉字，全部打印清楚，少量中、英文无法打印的文字符号可允许手写，但须清晰整洁。正文基本用字为小四号宋体，不得使用不合规定的简化字、复合字、异体字或乱造汉字。

2）讲义编辑软件应采用 Word 文字处理软件。

（3）专题名称。专题名称按如下格式排列：

（二号黑体，居中）

（4）正文的层次格式。正文的层次格式按如下格式排列：

一、×××××××××××××（三号黑体，居左，空两格）

××……（小四号宋体）

（一）×××××××××××××（小三号黑体，居左，空两格）

××……（小四号宋体）

×××××××××××××（四号黑体，居左，空两格）

××……（小四号宋体）

(1) ×××××××××××××（小四号黑体，居左，空两格）

××……（小四号宋体）

1）×××××××××××××（五号黑体，居左，空两格）

××……（小四号宋体）

a. ×××××××××××××（五号黑体，居左，空两格）

××……（小四号宋体）

……

（5）参考文献

1）参考文献一般应是作者亲自阅读过的对讲义编写有参考价值的文献。

2）参考文献应具有权威性，要注意引用最新的文献。

3）引用他人的学术观点或学术成果，必须列在参考文献中。

4）参考文献在整个讲义中按出现次序依次列出，并在引用处右上角标注，标注符号为［X］（X=1，2，3，…）。

5）参考文献的书写顺序。书写顺序为：序号、作者、论文名（著作名）、杂志名（出版社名）、期号（出版日期）、页号。如：【1】王瑞芝主编、杜晓湘副主编．中国腐乳酿造．北京：中国轻工业出版社，1998。

学习单元 2　培训讲义撰写范例

一、学习目标

通过本单元的学习，能够模仿实例编写培训讲义。

二、相关知识

培训讲义撰写范例如下所示：

包装员工培训讲义

一、工艺流程：终检→包装→入仓

二、真空包装机开关平面图

此主题相关图片如下：

电源	电热	蜂鸣器	真空	手动自动	热箱前进	热箱后退	压框上	压框下	急停	启动	运转	加热时间	真空时间
○	○	○	○	○	○	○	○	○	○	○	○	□	□

三、操作要求

1. 取、放板应戴干净手套。

2. 取不同型号的板应分开放置，并且应有明显标记。

3. 需包装的板应小心置于包装台上，避免板在台面上拖动或旋转。

4. 包板数量或是否隔纸应按照客户要求确定。

5. 包装前检数时，应由一个人点完后再由另一个人重复点一次，以确保出货数量正确。

6. 数板时应将板的元件面或焊锡面分清，并且认定板边线路记号将板逐一叠起，或隔上白纸。

7. 检查是否有不同型号的板混在一起。

8. 检查已包装的板是否有多板或少板现象。

9. 在纸箱两平面应写上客户的编号、板的型号、客户名称、板的数量以及质量，字迹应清晰工整。

10. 装箱时应按纸箱的大小放入数量一致的线路板。

11. 如客户允许使用泡沫板，则纸箱里面先用泡沫板垫起，每包板放入时应紧靠在一起，需叠放或竖放时应按客户要求而定。

12. 装够数量后，应再检查板数是否正确，然后在板面加盖泡沫板，如箱内线路板过于松动，则用泡沫板塞紧，如客户不允许使用泡沫板，则用纸皮或胶膜塞紧，避免箱内的板松动、摩擦。

13. 用封箱胶纸把纸箱封上，然后绕上包装带用卡子锁死（是否使用包装带视客户而定）。

四、真空包装机操作程序

1. 开机程序

（1）将电源开关扭至ON，加热开关扭至ON。

（2）设定加热时间与抽真空时间。

2. 关机程序

（1）将加热开关扭至OFF。

（2）电源开关扭至OFF。

3. 操作程序

（1）将上压框打开至固定位上。

（2）用六角扳手将机台背面胶膜固定轴的轴承座拧开一端，再将胶膜套入固定轴上并锁紧轴承座（膜胶宽度与压框宽度对准）。

（3）将胶膜始端直接穿过上下压框之间两小滚筒，然后放下压框压住胶膜。

（4）将启动钮按下，启动钮灯亮，压框自动上升至定位。

（5）将铝板放在工作架上，再将气泡垫放在铝板上，然后将要求数量的板叠放在气泡垫上，并按客户要求放入防潮珠，每叠板之间的间距至少应保持 25 mm。

（6）将铝板轻轻地推至抵住吸盘内端。

（7）检查铝板上的线路板是否因推动而出现不整齐，如果不整齐应用手再整理。

（8）将热箱往前拉至最前端，此时机器自动依设定加热，加热时间 10～20 s，注意设定时间应按胶膜的厚度作适当的调节。

（9）加热完成后，蜂鸣器会鸣叫，压框自动下降（蜂鸣不需要鸣叫时可将旋钮钮至 OFF）。

（10）抽真空时间设定为 5～10 s，自动抽气至包装完成，再轻推热箱回至原来位置，注意设定时间应按 PC 板高度作适当调节。

（11）将上压框打开至固定位，拉出铝板（胶膜跟进至定位）。

（12）放下压框使压框压住胶膜，再用介刀片切断胶膜，然后取出成品板。

（13）检查包装袋是否有穿孔、褶皱、密封不良及松动等问题。

五、安全操作

1. 包装机运行过程中，加热开始后，操作人员不可将手伸入压板框下。

2. 机台上勿放杂物，特别是吸盘部分。

3. 海绵条失去弹性或破损应及时更换。

4. 每班清洁机台及机身，用海绵或碎布蘸酒精擦洗包装台面。

5. 每 15 min 清洁工作台面一次。

主要参考文献

1　张振山，方继功编著．豆制食品生产工艺与设备．北京：中国食品出版社，1988

2　高福成主编．现代食品高新技术．北京：中国轻工业出版社，1997

3　吴加根著．谷物与大豆食品工艺学．北京：中国轻工业出版社，1997

4　宋俊梅，鞠洪荣主编．新编大豆食品加工技术．济南：山东大学出版社，2002

5　戴宏民编著．绿色包装．北京：化学工业出版社，2002

6　食品包装学．章建浩主编．北京：中国农业出版社，2003

7　王建新，衷平海编著．香辛料原理与应用．北京：化学工业出版社，2004

8　王瑞芝主编，杜晓湘副主编．中国腐乳酿造．北京：中国轻工业出版社，1998

9　白至德，张振山编著．大豆制品的加工．北京：中国轻工业出版社，1985

10　牛天贵主编．食品微生物学实验技术．北京：中国农业大学出版社，2002

11　赵斌，何绍江主编．微生物学实验．北京：科学出版社，2002

12　岑沛霖，蔡谨编著．工业微生物学．北京：化学工业出版社，2000

13　吴谋成主编．食品分析与感官评定．北京：中国农业出版社，2002

14　张水华，刘耘编著．调味品生产工艺学．广州：华南理工大学出版社，2003

15　李世敏主编．功能食品加工技术．北京：中国轻工业出版社，2003

16　劳动和社会保障部教材办公室组织编写．技师专业论文撰写指南．北京：中国劳动社会保障出版社，2004